南懷瑾文化

如何修證佛法

上

南懷瑾／講述

十版前言

看到二十多年前（一九八九年）出版的這本《如何修證佛法》，不免想起三十多年前（一九七八年）的三月。當時南師懷瑾先生閉關已滿一年，即將於三月廿一日，在台北的佛光別院講課，是有關《顯密圓通成佛心要》這本書。聽到這個消息後，我匆匆從美國趕回台灣，當時還有其他分頭回台聽課的人。

這次講課的記錄，陰錯陽差，卻在十年後才得以出版。南師一九八八年由美國到了香港，有一天，託陳世志回台時帶記錄稿交我整理出版。記得想了好幾個書名，後由南師選定《如何修證佛法》。

這本書出版四年後，大陸才有簡體字版印行，先後由北京師範大學出版社，及上海復旦大學出版社出版，惟謬誤頗多。

此次重新校正並調整版面，正體字版改為上下二冊印行，以方便閱讀。簡體字版則授權北京東方出版社印行。正體簡體兩種版本，也同步校訂，務求無瑕。

多謝參與工作的友好們，大家辛苦了，特別感謝王愛華和宏忍師的辛勞，因為這次的工作實在太繁瑣了。

劉雨虹　記

二〇一六年冬月

九版說明

《如何修證佛法》這本書，是一九八九年出版的，次年就受到美國學界的注意，很快譯成了英文，書名為《Working Toward Enlightenment》，並已於一九九三年由美國Samuel Weiser公司出版上半部，下半部將於今年年底問世。

把這本書翻譯成英文的人，是傑西克里瑞（J.C. Cleary），他與湯瑪士克里瑞（Thomas Cleary）二人，是美國翻譯界有名的兩兄弟，他倆廿多年前在哈佛大學畢業時，立志要從事東方文化的翻譯工作，當時也曾有人笑他們的選擇平凡；但是十幾年來，湯瑪士已經翻譯了卅多本中國的古籍，包括《周易》《孫子兵法》《道德經》《孫不二女丹》《悟真篇》，以及八十卷的《華嚴經》等，成效驚人，歎為觀止。本書是傑西所譯，湯瑪士則翻譯南教授另一本書《禪與道概論》，已經完工，將於明年出版。傑西的譯作雖不及乃兄那麼多，但也是優秀的翻譯家。

湯瑪士在給包卓立（Bill Bodri，是本書英譯本序言的作者）的信中，談到一九八〇年開始閱及南懷瑾教授的著作，認為南氏的學術寬廣博大，並融通各家，既有理論，更有實證，為時代所罕見。他並且強調，本書英譯本出版後，將對西方造成震撼，因為南氏的講解和表達，是前無古人的。

湯瑪士克里瑞，除了幾十本東方文化的譯作外，另有自己所著《日本人的兵法》（《The Japanese Art of War》）一書。該書不久前已譯成中文，由台灣金禾出版社印行。

印度在釋迦牟尼滅度後九百年間，也有一對兄弟，就是無著、世親（《俱舍論》的作者）二人。這兩弟兄著作極豐，對佛法的發揚影響至巨。有人戲稱，克里瑞兩弟兄，是無著、世親二人轉世，只不過，這次是到美國，繼續他們宏揚東方文化的工作。

本書出版五年以來，已銷售近五萬冊，去年三月，又授權北京師範大學出版社，以簡體字在大陸印行，一年之中已發行三萬餘冊。受歡迎的程度，可見一斑。在今日的社會中，看到這麼多的人注重身心修養，真是令人欣慰的一樁事。

對本書貢獻心力的人很多，最初幫忙抄稿的邢慧女士，亦為其中之一，初版時漏列，趁此新版機緣，附筆致意。

劉雨虹 記

一九九四年七月

再版前言

本書出版後所得到的迴響，非常熱烈驚人，給我們這些從事錄音變成文字工作的人，很大的鼓舞；也使我們很樂意的加緊腳步，繼續努力。

本書在初版中，有不少錯誤，其中多數是標點符號，字體排列等，算是無傷大雅。但是有些卻很嚴重，例如三七九頁倒數第六行（現為下冊一六四頁第五行）：

「原來只是舊時人，不改舊時行履處。」其中「改」字錯了，應更正為「是」。

這是原書印錯了，我們在引用時疏忽，未加修訂，正確的說法是：

「原來只是舊時人，不是舊時行履處。」這句話在《指月錄》原始的記載是：

「不異舊時人，但異舊時行履處。」

趁此再版機緣，除訂正外，並向讀者致歉。

編者的話

（一）一九七八年的春季，本書作者南懷瑾教授，正在台北閉關，嗣因某種因緣，抽暇作系列講座，共廿八次。

（二）這是南教授最重要著述之一，對實際學佛修證的步驟，有精闢的講解及具體的指引，是絕對的過來人語。

（三）雖然作者曾表示，所講的內容僅為要說的五分之一，但是讀到本書，對於一個真心修學佛法、誠心求證的人，已是受益無窮了。

（四）本書最大的特點是：對於修持路上的迷惑、歧路，以及不自覺的錯誤，都一一點破。

（五）讀者也許會感覺，內容有偶而重覆之處，因係講課方式，加重注意，故不加任何刪編，以保持全貌，並儘量保持講課時的口語化，使讀者有身臨其境之感。

（六）本書係禪定師聽課筆記，再配合錄音整理而成，並經法程師及謝錦揚居士校核經典，以及李淑君居士整閱全文，最後由劉雨虹居士總其成，並加標內容提要。在作者離台時期，本書能夠順利出版，實得力於前述幾位貢獻心力，在此一併致謝。並請各方不吝指正。

（七）本書原名是：《融會顯密圓通修證次第》，因避免與其他經論混淆，改為較淺顯的現在書名。

目錄

第四講　99

第五講　129

第六講　153

第十二講 265

下冊

第十六講

第十七講

調整色身

第十八講

水火風三劫
三界天人
宇宙的災難
人類自身的災難
心法與色法
人體的三界
無住無著無願
心體及其作用
心、意、識
變化氣質

第十九講

第二十講

重要的資糧
不能得定與出定
定境中的退位
現觀與聖教量

第廿三講

幻相和眼通
四加行位
聲聞乘的四加行
獨覺乘的四加行
八萬四千對治
習氣次第斷過
大般若大火炬
大乘的三有和涅槃
把握行蘊

第廿四講

第廿五講

第廿六講

圖表

第一講

內容提要

本講緣起
釋迦悟了什麼
參考經典
解脫和悟道
倒果為因
見地修證及行願
四加行

這一次我們講這一門課，有一個因緣，在此先報告一下。諸位學佛、學禪、學打坐，可以利用這個機會盤盤腿，會有很大的好處，不講有沒有工夫，先把兩條腿練熟再說。現在繼續剛才的話，談到開講這個課程的因緣。今年正月間，一位老朋友蕭先生來看我，臨走時問了一句話：「釋迦牟尼佛十九歲出家，最後抬頭覩明星而悟道，他悟的是什麼？」

這個問題如果是別人問，倒沒有什麼重要；但蕭先生研究佛學多年，他提出了這個問題，卻是不比尋常。

根據經典與傳記的記載，釋迦牟尼佛剛生下來，便具有與眾不同的稟賦。因為過去多生累劫的修持，才有這一生出生時的各種瑞相。他拋棄了王位，又出家求道十二年。大家要注意這「十二年」，因為很容易輕輕把它忽略過去。

現在我們把重點放在釋迦牟尼佛修持的十二年來講。當時印度的宗教，有各宗各派的修持方法，這些修法，在釋迦牟尼佛以前，就已經存在了。當時釋迦牟尼佛學了各種苦行，用了各種不同的方法修煉。他不像我們現在人學佛，三心兩意的，東面去拜個老師，西面去拜個老師，這邊去套幾句話，那邊去套幾句話。而釋迦牟尼佛每一次都是誠誠懇懇去學，該下的工夫，他都做到了，然後他認為那些都不是道，不是究竟。於是自己又到酷寒的雪山上去修苦行，經過六年，認為苦行也不是道，只好又離開了。後來在恆河邊菩提樹下打坐，發誓非成無上正等正覺不可，否則便死在那裡，最後終於覩明星而悟道。

其實這一段大家都已經知道了，我再講一遍的原因，是要提起大家的注意，也就是要大家知道，釋迦牟尼佛在這十二年中，做了些什麼，又是如何修持的。我們看了他的傳記，只看到他學無想定三年，最後「知非即捨」，往往忽略了他在這十二年當中，認真修持的一面。

我們先來說一說，什麼是「無想定」？這是印度的古法，中國及世界各地都有，也就是修道人想學到的那個「莫妄想」——沒有妄想。

比如我們大家打坐，能不能做到盤起腿來沒有思想？絕對做不到。我常說笑話，只有兩種人可以做到，一種是還沒有出生的人，一種是已經死了的人。除了這兩種人以外，幾乎沒有人能夠做得到。剛剛有位比利時的同學，也與我討論到這個想與不想的問題；我們也談到釋迦牟尼佛，在學無想定三年以後，發現那不是道而丟掉，並不是他沒有修成，而是修成後丟掉了它。因為那不是道。由於佛經文字簡單，我們容易看過去而忽略了。

佛學的「非想非非想定」，這個名辭很美。「非想」，不是我們普通慣性的思想境界；但是「非非想」，不是思想，勉強就說它是一種靈感吧！是一種超越思想的靈感。現在有一種「超越冥想」，其實，也還不是這個「非非想」。

「非想非非想定」與「無想定」的這個「定」，完全不同。無想定是把思想完全滅除掉，而這個非想是「絕對沒有思想」，可是又不像無想定般什麼都不知道。它不是沒有知覺，沒有靈感的一種工夫，這是當時所標榜的最高修煉方法。釋迦牟尼佛以三年的時間，達到了這個境界，但發現它不是道，所以又丟掉不要了。大體上，佛經傳記所講的佛的修煉經過，這是很重要的兩點。

為什麼不提其他的修煉呢？原因是這兩種修持的工夫、實驗，已經涵蓋了世界上很多修持的方法，也是很重要的方法，所以釋迦牟尼佛其他的修學，都可以不必再細述了。例如，佛在學道前，對於數學、武功、文學，都達到了最高明的境界。出家後，又學成了這兩種最高的法門，但是認為還不是道。其實，假如你真能做得到，天天在那裡一動都不動，即使你沒有道，別人也認為你有道，皈依弟子也都來了。（眾笑）

大家注意，釋迦牟尼佛認為這個並不是道，當時他再也找不到明師，只好自己到雪山去修苦行了。他一天只吃一個乾果，當然餓扁了，餓得不成人形了。他這樣修，是要找出一個真理來，但是六年之後，他認為苦行也不是道，然後就下山去了。

釋迦牟尼佛到了恆河邊，牧羊女供養他很好的乳酪；因而擺脫了父親派來的五個緊跟著的年輕人。因為這五位認為佛放棄了修行志向，所以離開佛，這五個人後來就是佛在鹿野苑最先所度的大弟子。

這時一般人也都認為他「退道」——退票了。因為大家都認為，出家人修道應該苦行，於是那些跟他的人自然退會。可是有一點我們要注意！他因為得到了營養，恢復了體力，才覩明星而悟道。所以我經常提醒出家人，要特別注意身體健康與營養，因為沒有健康的身體，是無法修道與證道的，這是一個事實。有關身體的健康與營養，以及與修道的關係，我們都要一步一步提出來研究。

佛接受了營養，恢復了體能，才渡過恆河到菩提樹下。那時，他沒有辦法找到一個能夠指導他的明師，祇有靠自己，到菩提樹下打坐、發願。

這簡單的幾個字，很容易被忽略過去，看的時候，意思似乎懂了，可是沒有深入體會。佛當時的誓願，推開了宗教，推開了莊嚴的辭句，等於說發了誓、賭了咒——這一次如果我不成道，就在這裡死掉算了。不起此座，就是這句話，他求道就是那麼的專心。

根據《釋迦如來應化事跡》的記載，佛在六天之內，先得四禪八定，再得意生身，而後陸續一夜之間證得六神通。第七天的凌晨，抬頭一看，注意啊！釋迦牟尼佛打坐不像我們那麼呆板，頭也不敢抬，他大概也要休息休息，抬頭一看，看到天上的明星，而證悟到了阿耨多羅三藐三菩提。由這裡岔一句話，想到了陶淵明的詩「採菊東籬下，悠然見南山」，一般人認為，這也算悟道了吧！（眾笑）

剛才嘮嘮叨叨的，說明釋迦牟尼佛悟道的經過，就是要說明我的老朋友蕭先生問的這個問題——釋迦牟尼佛覩明星而悟道，悟了個什麼？

你說這一下抬頭悟道，悟道了以後，前面那些修持都浪費掉了，那十二年的工夫都白作了嗎？換句話說，他悟道時不過三十歲左右，弘法時也不過三十一二歲，弟子們比他的年齡都大多了。他從小所受的教育，以及出家後，各種的修煉、修苦行，是不是白幹了？我當時回答我的老朋友蕭先生說：「他悟的就是那個緣起性空」。蕭先生說：「嗯，對了」，推開門就走了。

不曉得你們大家注意到沒有，這是個很嚴重的問題。他走了以後，一個念頭來了，蕭先生研究佛學很多年了，別人問這個問題還沒有關係，他問這個問題就嚴重了。換句話說，他問這個問題非常有深度，依照道理，釋迦牟尼佛悟了「性空緣起，緣起性空」，這個道理很簡單，而在當時為什麼那麼難？難的是什麼？佛十九歲出家，修持了那麼多年，才懂得這個道理，而現在我們大家都懂，看一遍佛經的人都懂，對不對？這有什麼稀奇，如果悟到了這一點「緣起性空」，就一而貫之，一切通達了，那麼這是什麼道理？假定他悟的這個道理對，那前面工夫又怎麼說？又如何交代？

第二個問題，我們現在學佛，看到了佛法就曉得「自性本空，性空緣起」，雖然這個道理都明白，為什麼我們還是要修持那麼久？而且我們自己，不要說做不到菩薩，連初步的小乘羅漢都做不到。尤其令我感嘆的，在現在這個時代，連證到半個果位的人都沒有看見。

所以蕭先生一走，一個念頭使我心境不安，感嘆今天世界的文化，國內外搞宗教的，搞神祕學的，各類各式的花樣，都非常的發達，但社會也更亂了，文化的思想也更模糊了，越來越不對勁了。由去年年底到今春，同學們出國寫回來的信，所看到的資料，修道的也好，搞什麼的也好，到處一片混亂。唉！真是無一不亂，無人不亂，此所謂亂世也。

因此我心中非常不安，再加上蕭先生這一問，問題在哪裡？注意！我們大家學佛，有點顛倒因果。怎麼說呢？「倒果為因」，也就是說我們大家都在倒果為因。是的，我們都曉得自性本空，曉得都是因緣等等。但是，這些學理和道理，不是我們的，而是釋迦牟尼佛苦行那麼多年以後，對弟子們的回答；人家把這個回答記錄下來以後，我們看了才懂的。事實上，不是我們懂，那不過是佛經的增上緣，我們拿到佛的成果，加以接受而已。

那我們應該怎麼辦呢？答案是：我們也應該走修行的路子。要學釋迦牟尼佛一樣，走禪定的路子，向真正的修持路上去求證，自己去證到那個緣起性空。

因為我們懂得這許多道理以後，往往會誤以為自己的成果，尤其最近多年來講打坐的，一個個道家也會、密宗也會，滿口的行話，但是看看他那樣子，又一點都不像。至於說有沒有工夫，有沒有求證到，也一望而知。如宋朝大慧杲禪師說的，你有沒有開悟，你站在那裡我就知道了，哪裡還需要等你說。可是現在這些人，滿口的道理，尤其什麼奇經八脈，這裡通，那裡通，熱鬧得很。我說「你不要把身體通亂了」，這一切都是因為我們先學了佛經上的那些知識，把前人修持的成果，拿來倒果為因。

釋迦牟尼佛這一大藏教，是理也罷，是經驗也罷，他只懷疑生死問題，生命的問題。他追求的是人生怎麼樣「了」。所以蕭先生提這個問題很重要，也就是這次開講的動機。

第二個動機是通知單上面講的，幾個外國回來的學生，朱文光、李文、陶蕾等，也提出這些問題要我講。我說我有一個條件，中英文的記錄同時出來，我就講。不要像以前一樣，每次講了以後，記錄了以後，幾年都沒有交卷，最後跑得沒影沒蹤了，這是第二個因緣。

第三個是要感謝這裡的住持，借給我們這個地方來講課。

現在再回到剛才的重點上。我們知道，一般講修證工夫，很容易犯的一個錯誤，就是把前人修持的經驗和累積的見地，拿來倒果為因，然後就變成佛學了。結果我是我，佛學是佛學，兩個是對立的，對於修持一無用處。所以我經常說，佛法——修持的方法，與佛學的涵義，是完全不同的。我們現在要走的，是準備學佛的路線，也就是這次開講的因緣。

我們今天開講，所要引用的經典如下：

（一）經部

《大般若經》

《大涅槃經》

《華嚴經》

《金剛經》

《心經》

《維摩詰經》

《楞伽經》

《解深密經》

《勝鬘夫人經》

《大寶積經》

《法華經》

《楞嚴經》
《圓覺經》
（二）律部
四分律（小乘）
菩薩戒（大乘）
（三）論部
《現觀莊嚴論》
《摩訶止觀》
《宗鏡錄》
正續《指月錄》
《大智度論》
《密宗道次第論》
《瑜伽師地論》
《菩提道次第廣論》

假定一個人想學佛，想學佛法，把上面列舉的這幾部經律論，花上三、五年的工夫，作比較深入的研讀，絕對足夠了。至於講到內容的採用，也不離這幾部經論，大家能自悟更好。有些朋友認為，祇要修持做工夫就好了，不一定要看經論，那是絕對錯誤的。要知道，做工夫，如果理不明，見不正，工夫就不會上路。換句話說，工夫做不好，那就是因為理不通達。

舉例而言，一位同學和我討論一件事，他說，我這兩天心裡頭好像有件事，他說，這是什麼？他覺得這是一個問題。他很用功，這些現象大家都會有，這確實是個問題。他說：我看這個東西，找這個東西，找它能不能找得到？我說：當然找不到，這是生理影響心理，這幾天氣候不對，你有感冒。這就是佛所說的煩惱，這位同學越找越找不到，越找越煩惱。我告訴他，你去找它時，它已跑掉了。等於小偷一樣，當你一叫小偷時，他早已走了。有時煩惱在心中，不去理它，因為找不出原因。於是這位同學，就另外換了一個思想、觀念來代替。我說對的。

但這只是普通人的修養方法，高明的人不做這種事情，因為他知道心裡頭有個東西，找也找不到，《金剛經》不是告訴你，「無所從來，亦無所去」嗎？來無影，去無蹤，你知道它，它已經沒有了，最好不去理它。可是你說，現在我們煩惱來時，硬起心來那又變成真煩惱。這種不理的念頭就是真煩惱，也就是又加進去一個東西。

我們現在討論的，就是要注意心理與生理的關係。比如去年年底，有一位女居士，忽然嘴歪了，中風。她倒有信心，問我是不是氣通不過。另有一位居士，守戒律多年，眼睛忽然看不見了，是白內障，後來針灸好了，也問，是不是氣到那裡走不過了。這些都是最近的事情，證明我們學佛的，工夫和身心都有連帶的雙重關係。這些問題都要詳細討論，如不拿出來討論，問題會越來越嚴重。大家修持時，哪些是受生理影響？哪些是受心理影響？如何解脫身心兩方面的問題？一定要弄清楚才行。

我們再舉一個例子，去年一位朋友去世了，他也學佛很多年，但是解脫仍難，要想離開身體，說去就去，做不到。想做而又做不到，道理在哪裡？你真做到，你的身心分離得開，那就差不多了。但是這不算悟道，祇能說是解脫。所謂坐脫立亡，盤個腿，或坐著就去了，不僅是出家人可以辦得到，在家居士也可以辦得到，甚至修養高的讀書人也做得到。

修持做工夫，身心絕對可以分離。但是，做得到身心分離，也不過是能夠解脫而已，至於悟道了沒有？答案是不一定。工夫要到可以坐脫立亡的境界，雖然不容易，但比悟道就容易多了。過去這一種方法，視為祕密不肯講，其實佛經上都有。佛法有八萬四千法門，講太清楚了會有後遺症。因為人們知道了會去試一試，反而試出毛病。又有些人知道了這種法門，可以藉此自殺，可以藉此逃避。為此之故，才為大乘密乘戒律所禁止。但若作科學研究來講，可以知道肉體與精神如何分離，如果光憑我們自己修持，去磨練，幾十年中會不會摸得到，還是一個問題。

現在我們所要講的重點是三個，就是見地、修證與行願。

什麼是見地？

拿中國禪宗的術語來說，見地就是見道。見道以後，怎樣去修證？比如說，大家都知道「緣起性空，性空緣起」，知道以後要如何去實證呢？幾十年前我還年輕的時候，開始學佛，當時有一個老牌的心理學教授，他說：非常佩服佛學的理論，但是認為佛學的理論沒辦法證明。因為佛學說一切唯心，如果現在要心理造出一個金鵝，而且會生金蛋，照理說一切唯心，應該可以造得出來，但是事實上卻不可能。見地就是理；行願同修證是事，照佛學的成語來說：就是「事相」，以禪宗的講法，就是功用，普通叫工夫。

大家學佛，首先提到定。能不能定？不去管它，先問能不能盤腿？盤腿不是定，只是習定的最基本方法。你腿都不能盤，還談什麼呢？理到了，事做不到是不行的。事相做得到，行願做不到也不行。

現在我們先解釋這三件事，並且要確確實實很老實的來討論。講修證，這些經、律、論，就包括在修證裡面。修證不離禪定，這點是很重要的。

關於「定」，最初譯為「禪那」，是梵語的譯音。以後借用中國文化裡的觀念——《大學》裡「知止而后有定」，故稱「禪定」。後期翻譯的經典，認為禪那不能完全表達它所涵的意義，於是又翻成「思惟修」。後來又發現這個名辭易被誤解成心理的思想，所以玄奘法師又譯成「靜慮」。不論靜慮也好，定也好，都出自《大學》。事實上，這個名辭的定義很難下，彌勒菩薩一派，乾脆不講這些，就稱「瑜珈」。後來瑜伽是指修這一套工夫的人，而「瑜珈」則是這一套工夫的總名稱。

在印度，瑜伽與瑜珈，本是一個東西的兩個定義。如《瑜伽師地論》，瑜伽師是指修持有成就的人，地是次第，論是論述，所以書名的意思就是對修持一步一步境界的討論。佛法所有的經、律、論，都是告訴我們修證的方法。可是我們現在他是他，我是我，完全合不攏來，理與事兩個配不起來。尤其是身與心不能合一，腦子知道這個道理，事情配合起來就做不到，這正是修證工夫的問題。

普通我們講修證的三部曲是見、修、行。要見道須有般若大智慧。見道是大智慧，大福報。真正的大福德，也是大智慧，有大智慧的人是大福德。智慧沒有開發是因為福德不夠。大智慧福德如何來？是「行」來的。所以見、修、行是三位一體，缺一不可。

現在有一個大問題，講到修，就提到定。一般人不論國內國外，對宗教修持工夫都很內行，修就是修定。大家修定觀念的最大錯誤是什麼呢？是以為所謂「定」就是什麼都不知道，這與「應無所住而生其心」的意義是相違背的。此其一。

其次嚴重的是，現在一般人都搞神祕了。靈感啊！神通啊！第六感啊！超越冥想啊！各種神祕名稱都加上去了，這是一個非常嚴重的錯誤。大家要知道，神通與神經是雙胞胎，這一點真是很嚴重的問題，因為失之毫釐，差之千里。

話又說回來了，什麼是定？一定要認清楚。四禪八定，是佛教修證方法的中心基礎，不過佛法不在定上，定是共法。但是佛法也不離開定，歷代《高僧傳》中，工夫修證到「定」的比丘及比丘尼非常多。甚至南北朝的皇帝，也是與佛教有關，如劉裕小名寄奴；梁武帝、隋文帝等與佛教關係都很深。

佛告訴了我們修證的路子，但是我們自己沒有走過，反而把聽到的這些，當作是自己證到的，這是「倒果為因」。什麼奇經八脈、三脈七輪的；

這一關打通了，那一關打通了；搞氣脈的，搞打坐的，都不是真正的禪定。這是什麼道理？因為搞氣脈的，都是受生理感覺狀況支配，如果不能超越生理感覺狀況，而以為這就是道的話，那就錯了。換句話說，這個道在哲學基礎上是唯物的，不是唯心的。因為有身體存在，當身體健康的話，才能生起氣脈變化，如果沒有身體，還會有氣脈變化嗎？由此可知，氣脈變化是由身體來的，是屬於生理的、物質的。這樣一來，道在哲學上不是成了唯物的嗎？這個問題就嚴重得很。

如果你說不是唯物，而是唯心的，好，那麼你能拿身體以外的那個東西來看看嗎？別說拿個東西給人看，你能入定三天給人家看看，也就很了不起了。你一入定，這四大的身體就和你脫離了嗎？所以我剛才講見地、修證、行願三個部分，包括一切，三位一體，同等重要。

真正要修證的話，《楞伽經》《瑜伽師地論》《現觀莊嚴論》等，都非常重要。如果「意生身」不成就，修持便不會成功，所修持的工夫，還都屬於四加行中的初步而已。四加行就是「煖、頂、忍、世第一法」。我們講佛學都曉得四加行，加行就如工廠裡的加工品，加工法。四果羅漢、十地菩薩、十地的工夫，每一地都離不開四加行。換言之，初禪有初禪的四加行，二禪有二禪的四加行……。在《現觀莊嚴論》中，彌勒菩薩提到過；在《瑜伽師地論》中也提到過，都對四加行非常重視。換句話說，如果我們僅是佛學研究得好，但一點工夫都不能實證的話，就是沒有做到加行的工夫。

四加行在教理上是煖、頂、忍、世第一法，當然有他的解釋，也很合理。我們嚴格地推開教理來講，四加行一步有一步的工夫。比如我們學佛學道，動輒談生理變化、氣脈問題，按道家標準來說，奇經八脈打通了的人，我還沒有看到過。如真打通了，根本還不算成道。至於四加行初步的「煖」法，還沒有達到氣脈通。

氣脈真正通了以後是怎樣的境界呢？兩腿盤著，不但不想下來，渾身軟化了，與虛空合一，輕靈得很，舒服無比。真正氣脈通了以後，身體內在的光明才可以生起。儘管沒有光，內部仍是一片光明。普通一般人眼一閉，前面黑漆漆的，這叫一團無明。

但不要以為這一片光明是大光明境，那還差得遠呢！這還是有相之光。我衹告訴你們，這時光明生起以後，拙火（或稱靈力、靈能）才能起來，我們這個自性的本能與我們的身體，如「水中鹽味，色裡膠青」一樣，這一杯清水裡，放了一些鹽，攪和以後，水是鹹的。你能把鹽找出來嗎？水裡加了顏料，也拿不出來了。同樣的，我們生命自性靈能，在這個身體脫離不開；能脫離的人也不見得悟了道。這衹是修證工夫而已。等靈能發動了，才到達了四加行的煖法。

修持工夫到了煖法的人，不管年紀多大，便如嬰兒般，全身軟綿綿的。但這個並不就是道，沒啥稀奇！這是生命本能本來具有的。問題是你如何才能修持到這個煖法。這些問題，教理上的解釋都不同，我們是以事相來解釋的。

說到「頂」法，並不是頭頂開花，而是與虛空一體，如莊子說的「與天地精神相往來」，才是達到了頂法。先做到了煖法，其次才到頂法。頂法修持到了，就是初禪。初禪有初禪的加行，二禪有二禪的加行……，然後才能到達忍法。

什麼叫作「忍」法?就是一切都截斷了,這時妄想截斷,脫離世間,超然獨立。「無生法忍」,「忍」是形容辭,截斷了,但這還沒有證到空,只不過一切被截斷了而已。世間的觀念與煩惱都截斷了,到達了這個境界,也不過是世間修持的一個最高成就而已,還沒有跳出世間,所以下一步才能到達「世第一法」。

當一個人修到「世第一法」這個階段時,才能夠算得上是個人,作人到達了頂尖,也等於莊子所說的「真人」。換言之,在莊子眼中,未得道的便是假人。雖然工夫到達了這個境界,還是世第一法而已,仍未超出世間。

那麼超出世間的路怎麼走?任何一步修證工夫的路線,都離不開四加行,每一步都離不開,包括學淨土、學止觀、學密等都是一樣。都是由四加行的成功,和禪定的成功以後,才能談到修出世法。這也就是修證的程序與次第。

剛才這些話,是由於提出三步驟,見、修、行的問題而闡明的。首先是見地，有了見地以後，就是如何修道，如何行願。現在倒轉回來只講定的問題，講定的實際道理，這仍是初步，將來要一步一步很詳細地討論它。在修證的過程中，大家必須要注意四加行的道理。

第二講

內容提要

偽經之辨
《楞嚴經》的密因
心與緣
七處徵心
八還辨見
五十陰魔
色陰

大家要做筆記，我統統要看，而且看過以後，要改過、批過。做筆記第一可鞭策自己，不願寫的更要寫，勉而為之去試試看，可以改一改自己的習氣。不願寫的，犯了一種毛病，認為自己的東西不值得一寫，太謙虛了。另一種是不屑一寫，又太傲慢了。我勸大家要寫，尤其是年輕的，對於修養，這是最大的一種磨練。同時規定寫日記、心得報告。最好兩本輪流，一本交給我看，一本在你那裡。

請大家特別注意，我們討論修證佛法的課程，每次所引用的佛經經文，以及我所說的，都要能於心地上來體會，千萬不要變成佛經是佛經；我的話仍是我的話；自己還是自己，那樣就無多大利益了。再一點請大家注意，千萬不要聽課時打坐，如果能夠一面做禪定工夫；一面又能夠做筆記；又能夠聽清楚，那麼就差不多有一點基礎了。但是普通人，心是不能二用的。稍稍有一點靜定工夫的人，不要說禪定，一心可以十用，甚至百用。也就是六祖所說：「何期自性，本自具足」，這並不困難，六根的確可以併用。不過，假如你沒有這種禪定工夫的話，還是老老實實專心的聽課。

上次講修證法門的事相，四加行的情形，有很多同學反應說，第一次聽下來，沒有抓住中心，還未入流，也沒有一個綱要。若照我原訂的綱要，真正上路也是要個把月以上。今天把要講的前後順序變換一下，先發《楞嚴經》講義。

現在先把《楞嚴經》所列舉的修證工夫告訴大家，可以馬上著手體會。學術界的朋友們，尤其研究佛學的學者，千萬要注意，有人把《楞嚴經》《圓覺經》《大乘起信論》《四十二章經》等，皆視為偽經。這個觀念是從考據來的，因此造成佛學界的一些人，對這些經典，好像根本不屑一顧。但是我敢冒昧地說：書生之見不足道也。

現在把這種種現象的前因後果，大略說明一下。中國文化到了清朝，漢學興起，分義理、辭章、考據、記聞。站在中國文化的立場，西洋的哲學包括在義理中；站在西洋文化的立場，我們的義理包括在哲學中，各人的立場不同，觀念就不同。唐詩、宋詞是辭章之學，每個時代的文化，都有其代表性。比如漢文章、魏晉書法、唐詩、宋詞、元曲、明小說、清對聯等。

辭章之學不談，清儒卻特別提出義理之學。這是因為宋朝理學興起，只談心性性命之學。到了清朝的儒學家們，對於這些性命之學頗為反感，因而走向實際的考證學問，稱為「漢學」。現在的外國人，稱中國所有的學問都為漢學，根本上這種稱法是錯誤的，而我們也跟著稱自己的學問為漢學，實在就更可笑了。

考據只是一種形式科學，認為這些經典是偽經的，就是由考據而來，其中的權威就是梁啟超。但是，梁啟超對佛學只懂一些皮毛，應該算是外行，他認為這些經典的文筆太好，不像是印度的文章，故而認為是中國人偽造的。但我認為從內容來看，這些經典決不是偽經，所以這些考據是有問題的。

我們再來談有關《楞嚴經》的第二個問題：這本經起首「大佛頂如來密因修證了義，諸菩薩萬行首楞嚴經」，包含了修行作工夫的大祕密在內。除此之外，真正修證的密因再沒有其他的了。不過幾十年來，我還沒有碰到過一個對本經真正有研究，真正能找出《楞嚴經》修證方法的人。實際上，在這本經典中，由凡夫到修證成佛都講到了。懂得文字的人，一看就懂，可是多數的人，都被這本經的優美文字騙住了，反而沒有看懂內容。

《楞嚴經》裡面有一個重點，也是一個大祕密，就是修證的方法。實際上，見地、修證、行願三者不可缺一。真有了見地，修證一定做得到；真正修證做到了，行願也一定做到了。有一點缺陷都是不對的。

我的話像下雨一樣，不限定對某一個人說，而每一個人都有份，你是得利或不得利，完全看你自己。這本經典見地、修證、行願都在內，我慢慢幫大家挑出來。

《楞嚴經》開始「七處徵心，八還辨見」，佛與阿難的對話，問「心」在哪裡？往返討論了七點，心不在內，不在外，也不在中間，然後佛告訴阿難，心在哪裡。

《楞嚴經．卷一》：

「佛告阿難，一切眾生，從無始來，種種顛倒，業種自然，如惡叉聚，諸修行人，不能得成無上菩提，乃至別成聲聞緣覺，及成外道諸天魔王及魔眷屬，皆由不知二種根本，錯亂修習。猶如煮沙，欲成嘉饌，縱經塵劫，終不能得。云何二種，阿難，一者無始生死根本。則汝今者，與諸眾生，用攀緣心，為自性者。二者無始菩提涅槃，元清淨體，則汝今者，識精元明，能生諸緣，緣所遺者。由諸眾生，遺此本明，雖終日行，而不自覺，枉入諸趣。」

他說我們為什麼自己不能明心見性？因為無始以來，我們生命中有一個東西在作用，就是攀緣心，一個念頭接一個念頭。因為我們的思想不能停止，就是睡覺時、睡夢中，還是在思想，這個叫攀緣心。一般人錯把這個攀緣心認為是「心」，等於西洋哲學家笛卡兒所說的：「我思故我在」。「我思故我在」只是普通人的思想觀念，但卻不是本「心」。要怎麼樣才對呢？

「無始菩提涅槃，元清淨體」，佛說的這個心是現象，是本體所起的作用。生命的本心、本能叫菩提，又叫本體，它所發出的現象是分段的，像電波一樣的跳動的。你不要去抓住這種現象，要回轉來認識那個本體。

「則汝今者，識精元明，能生諸緣，緣所遺者」。「識精元明」包括了唯識的識，精是真精神，原來靈明的這一點，就是你那個能夠知覺，能夠感覺靈靈明明的那個東西。這個東西是什麼呢？「能生諸緣」，這個東西在裡面一動，我們思想念頭一動，心裡一感覺，外面就起作用了。

什麼是緣？我講的話是緣，發出聲來你聽得到是緣，我這樣一句接一句講，你聽的觀念跟著走，就是攀緣。

現在大家坐在這裡，人多了，身體覺得熱，就是裡面的「識精元明」，對外面的熱量起感應，心裡頭就感到很熱很悶，這是與熱的緣發生感覺，「能生諸緣」。

「緣所遺者」，如禪宗所講「萬緣放下」，外緣都丟開了，所剩下的那一個，就是有個丟不掉的東西。比如大家坐在這裡，感到兩腿、膀子不舒服，這是緣。什麼緣？體緣，身體上的反應作用，同「你」沒有關係。那個知道身體不舒服，腿不舒服，那個既不在腿，也不在膀子，除掉緣以後所剩下來的，「緣所遺者」——就是這四個字，本來那個東西，外緣都丟掉了以後，剩下的那個東西。

「由諸眾生，遺此本明，雖終日行，而不自覺，枉入諸趣」。一切都是那個東西變動出來的，所以眾生顛倒，一味的跟著萬緣去跑，而在六道中輪迴、生死中打滾。這是正面的，還不是它的密法，這裡頭反面的還沒有講。

我常提醒大家，當你一上座，兩腿一盤，那一剎那是不是非常好？但坐好以後，就不對勁了，為什麼？因為坐好以後，就覺得自己在打坐，覺得氣也不對，身體也不對，而剛盤上腿的那一剎那，倒有點像萬緣放下，什麼都不管的味道。等腿盤好了，什麼都在想，又想成道，又想威儀端正，又想不要打妄想，妄想來了，又要趕掉它，趕掉後，又想……唉！何必趕掉它，趕了以後又是妄想，反正都是坐在那裡搞鬼。

其實只要外緣自然的放下，剩下來的那個東西沒有動過的，就是那個「緣所遺者」，佛就那麼直接的指示給我們，因為把這個搞迷糊了，所以「枉入諸趣」，就只有在六道中輪轉了。

我們再來討論八還辨見。

「見」是什麼？現在我們一般人打坐，坐起來是什麼現象呢？就是《楞嚴經》上所講的：「色雜妄想，想相為身，聚緣內搖，趣外奔逸，昏擾擾相，以為心性」。

佛說一切眾生都找不到這個心，為什麼？因為「色雜妄想」，生理反應跟著心理的妄想，起交互作用，然後在裡頭「想相為身」。其實我們這個身體之中還有一個軀體，就是自己思想所聚成的自己。比如剛才有一個同學講，本來不好的身體，在外面跑了一趟就變好了，可見心理作用就是這個道理。這個心裡有一個由妄想形成的軀體，你那思想本身，就是這色身裡頭的內胎子。那個思想聚合一些外緣，變成你身體裡的一個軀體。

所以「聚緣內搖」，就是把外緣的思想啦、情緒啦等等，所有的東西聚攏來，當你打坐坐在那裡時，就是這四個字，「聚緣內搖」，像筒子裡滾出棉花糖一樣，越滾越多，心裡頭亂得很，猶如開運動會一般。

「趣外奔逸」，念頭向外亂跑，然後眼睛閉著，「昏擾擾相」，昏頭昏腦的，轟隆轟隆坐個把鐘頭，叫作「參禪」，把這個樣子「以為心性」。

豈不知這不是真心，犯這樣大的錯誤，還「一迷為心，決定惑為色身之內。」所以認識不清楚，還以為自己在修道，還以為心真在這個身上。如果心真在身上，那麼你死了時，心不是就找不出來了嗎？佛把這些話講得明明白白的。「不知色身，外洎山河虛空大地，咸是妙明真心中物」。他說，阿難，你們就不曉得，打坐時開眼、閉眼都沒有關係，不要守著身體。你們就不知道，以身體為中心，擴大至整個虛空，整個太空都在你的「心」裡頭。那麼這個軀體又是什麼呢？「想相為身」而已啊！這就是見地。

現在在座有許多老修行，工夫做得不錯了，你們在打坐時，有沒有守著身體在轉呢？若沒有，是不是見地已達到了「外洎山河虛空大地，咸是妙明真心中物」的境界呢？

「譬如澄清百千大海，棄之，唯認一浮漚體，目為全潮，窮盡瀛渤」。佛說我們眾生那個本體，如大海一般，不知比太平洋大多少，你的身子在那裡不過是一小點，我們反而把那個大的拋棄了，只守著那一小點，認為這個身體就是我們的生命。大家都抓住這一小點在搞，「聚緣內搖」，如搖棉花糖一般，越搖越大。禪宗祖師雲門說：「乾坤之內，宇宙之間，中有一寶，祕在形山。」事實上，這個「外洎山河虛空大地」的妙明真心就在你身上，只是被色身及其他業力——「色雜妄想」蓋住了，要把它找出來。現在講了《楞嚴經》，是不是都懂了？你都體會了沒有？「外洎山河虛空大地」，是不是參究了？證到了？要做工夫證到才行。

一邊抄筆記，一邊聽我講，注意！如何修持到六根並用，一心清淨，這才是學禪。美國及日本的禪宗，專門參究那些公案及話頭，野鴨子飛過來，飛過去，那個與禪有啥相干？那只是教育法上偶然的一點機趣而已。又如惠明問六祖：師父，五祖告訴你些什麼祕密呢？六祖說：哪裡有什麼祕密！密，不在我這裡，在你那裡。這句話就是個大祕密。

《楞嚴經》裡，佛講這內外七處都不是心，佛說以你自己為本心，向外面擴展，擴大到整個虛空，都是你心裡頭的東西。換句話說，內外七處也都是心，懂了吧？這是如來的密因，你們大家都沒參出來。但內外七處都是什麼心？是心的用，不是心的本體。起用的時候，是他身體的色身、報應身的作用；歸體的時候，就是法身的清淨。

雲門說：「乾坤之內，宇宙之間，中有一寶，祕在形山，拈燈籠向佛殿裡，將山門來燈籠上，作麼生？」將外面的燈籠拿到大殿裡做得到，把山門拿來放在燈籠上，做不做得到？這是禪師的說法，他在那裡亂說，這個那個，那個這個的，像演電視一樣，結果看一看在座，大家沒一個懂，只好自己再說了，「逐物意移」，又說「雲起雷興」。

中國的文化，講出來就是文章，所以出家人要注意，把文學底子搞好。雲門的意思是——唉！可惜，我講一句，你們的心便向外面跑了。這就是《楞嚴經》裡「趣外奔逸」的意思。雲門祖師說了上面那些話之後，看看大家，沒有人懂，於是說：「雲起雷興」。他看學生們答不出來，所以只好代他們答了。

我有一寶，就在裡頭，抓不出來，分不開。再引用雪竇禪師的話，他作了一首詩：

看看看　古岸何人把釣竿
雲冉冉　水漫漫　明月蘆花君自看

看！不是向外看，是向內看自己。有人站在古岸頭上，想度你上岸，你不上鉤，沒辦法。禪的境界是，當你萬緣放下，把身心都丟開以後的那個東西。明月下面看蘆花，蘆花是白的，月亮也是白的，白對白的，還有什麼？一片都是白，空空洞洞，要你去找。

又如臨濟禪師上堂說法：「赤肉團上，有一無位真人，常從汝等面門出入，未證據者看看。」這就是說，你們找不到這個無位真人的人，還不懂的人，拿出來看看。這個時候有個出家人站出來說：「如何是無位真人？」臨濟禪師聽他一說，下座抓住他說：「道！道！」也就是說：你說！你說！「其僧擬議」——那出家人想說時，臨濟禪師放手嘆道：「無位真人是甚麼乾矢橛。」說完了就走回方丈室去了。這就叫上堂法語。看禪宗公案，要像看電視劇一樣，把整個身心投入了去看，不能死讀。

至於「八還辨見」，還是講見地，到後面才講到修證工夫的路子，佛把最高的祕密都講出來了。所以，我們天天帶著《楞嚴經》，沒把它看懂，修行不上路，很可惜的，也辜負了佛恩。

現在舉一個「八還辨見」的例子，《楞嚴經・卷二》：

「我今示汝不生滅性。大王，汝年幾時見恆河水？王言：我生三歲，慈母攜我謁耆婆天，經過此流，爾時即知是恆河水。佛言：大王，如汝所說，二十之時，衰於十歲，乃至六十，日月歲時，念念遷變，則汝三歲見此河時，至年十三，其水云何。王言：如三歲時，宛然無異，乃至於今，年六十二，亦無有異。佛言：汝今自傷髮白面皺，其面必定皺於童年，則汝今時，觀此恆河，與昔童時觀河之見，有童耄不？王言：不也，世尊。佛言：大王，汝面雖皺，而此見精，性未曾皺，皺者為變，不皺非變，變者受滅，彼不變者，元無生滅。」

有一天，波斯匿王出來問佛說：「這樣很容易，但關於心的不生滅性我有疑問。」佛說：「你幾歲看到恆河？」國王說：「小時候與我母親經過時看到的。」佛問：「你那時幾歲？」「三歲」，「現在你幾歲？」「六十二歲。」「現在你眼睛都花了，你再經過恆河時，你看得見嗎？」「當然看得見。」佛說：「你的年齡有衰老、生滅、死亡，而你那個能見的性，不跟著年齡在變，沒有動過。」你睡著時，雖然閉著眼睛，但是眼識還是在看，在看裡面，這個見性沒有變。有關這一節，我作了一首詩：

生死無端別恨深　浪花流到去來今
白頭霧裡觀河見　猶是童年過後心

人，生生死死，死死生生。生死對人類來說，最可怕了。我們生了、死了，再投胎，分段生死像一股流水般，永遠隨著浪頭，一起一滅，沒有休止。上面那首詩就引用了波斯匿王的典故，「白頭霧裡觀河見」，年齡大了，看東西眼花了，但是這個能見的性，還是沒有兩樣，還是童年的那個樣子——「猶是童年過後心」。

「諸可還者，自然非汝；不汝還者，非汝而誰。」眼見還給眼神經，光明還給太陽，一切可還的都還了，剩下一個還不掉的，無處還的，那個不是「你」又是誰啊？

當然，你可以說：「佛不是說無我嗎？」是的，佛說的無我，是無四大，無假我。自性的我沒有拋掉。有一位天目禮禪師悟道時，作了一首詩：

不汝還兮復是誰　殘紅落滿釣魚磯
日斜風動無人掃　燕子啣將水際飛

落花掉在地上，歸於本位。好似打坐時，妄想來就來，你知道時它就走掉了，不必去管它，就是這個境界。「殘紅落滿釣魚磯」，他把當時自然界的景象，很自然地擺在那裡，很現成的。就好比你的心境，自自然然的，慢慢地靜下去。太陽下山，風微微地動，就是比喻還有一點輕微的妄念。「無人掃」，不要去管它，掃不得，你不要管。「燕子啣將水際飛」，輕微的一點妄念，毫不相干。下面我自己加兩句：「嘖！嘖！是無上咒，無等等咒。」告訴你，這不是詩，你懂了這一首，你就悟到這一點了。

現在我們解釋了八還辨見，明心見性這一面，我們懂了。那個還不掉的，就是我的見，對不對？可是我要提一個問題，如果釋迦牟尼佛來了，我一定要問問他：「師父啊！你講了半天，那個還不掉的就是我，可是要有我這個肉體存在啊！我的肉體死掉時，那個東西會掉到哪裡去？我還是找不到。」所以假如用工夫，仍然找不到這點來路與去路，你縱然證到心中真空，一「定」三百六十天，也是沒有用的，還是不行，這也是個祕密。

現在你們那些工夫做得好的人會認為：好啊！很有進步。老實講，那是靠你身體這個赤肉團，紅咚咚的一塊肉，肉壞了的時候，你到哪裡去？怎麼走？「我有一寶，祕在形山」，怎麼跑出來？又怎麼跑進去？怎麼把它找出來？所以《楞嚴經》前面談見地，後面一路下去，修證的祕密都告訴你了。

這個做工夫的祕密，都在後面一兩卷當中，大家平常最不注意的地方，尤其是五十種陰魔——五陰解脫。《心經》上說：「照見五蘊皆空」，五陰是怎麼空的？要做工夫空。我曾說大家「倒果為因」，把佛學的果，拿來變成自己的。現在回轉來「倒因為果」，要自己去求證。講到五十種陰魔，大家不能不讀書，不讀書就是我慢，是犯戒的。

諸佛菩薩把法門傳給你，這就是法本。佛在《楞嚴經》卷九色陰區宇中說：「汝坐道場，銷落諸念，其念若盡，則諸離念，一切精明，動靜不移，憶忘如一。當住此處，入三摩提。如明目人，處大幽暗，精性妙淨，心未發光，此則名為色陰區宇」。那時念頭沒有了，一切清清楚楚，這時動靜是一樣的，一個雜念不起，工夫到了「憶忘如一」，應該在此入三摩地。就好像「明目人處大幽暗」，在幽暗中有微明。「精性妙淨，心未發光」，這時生命本性的境界很清淨，很微妙。而一般人心理是活絡的，亂七八糟的，眼睛閉起來是漆黑一片的。如果現在有人做到「銷落諸念，動靜不移，憶忘如一」的境界，那不曉得牛吹得多大，其實也還只是一種境界而已。

是什麼境界呢？「精性妙淨，心未發光，此則名為色陰區宇」。這是心理上快要轉變時的一種心理變化，沒啥稀奇！換句話說，當你打坐時，心裡空空洞洞，或多少年，多少月，多少日，幾個時辰，那是由於你生理四大調順，瞎貓碰到死老鼠，如電源般插上了。這並不是真工夫，稍過一會兒又掉了，這些都屬於色陰區宇。

講到色陰區宇，有幾部書應該看——《神僧傳》《神尼傳》《佛祖歷代通載》等。看這些傳記，能啟發真誠向道之心。還有一本《憨山大師年譜》，憨師二十八歲到處參學，到盤山頂上，有一茅篷，有一個和尚在裡面打坐，不理憨山大師。那和尚吃飯，憨山大師跟著吃，那和尚喝茶，他也自己喝。後來吃飯時間到了，憨山大師就給那個和尚做飯，喝茶時間到了，就煮茶，吃完了就自己經行。如此到第七天，那和尚才跟憨山大師說話，那和尚說：「我住此巖三十餘年，今日始遇一個同風」。

有一晚吃粥了，憨山照樣在山頂行香，站在那裡定住了，覺得天地世界，在一片光明中，正是「銷落諸念」的境界。他進了茅篷後，那和尚一看，開口了：告訴你，此乃色陰區宇，你工夫做到這個境界也不過如此。老僧在此卅年，夜夜經行都在此境中，有啥稀奇！年輕人，就是這樣難，也就有這樣容易。那個和尚，卅年夜夜經行，身心都忘掉了。你們注意，修行人！你們還在色陰區宇的上半截，閉起眼睛漆黑一片，在那裡瞎摸瞎坐。

「若目明朗，十方洞開，無復幽暗，名色陰盡。」一片光明，牆壁山河大地都透視了。千萬不要以為這時得了神通，想當祖師爺，在裡頭玩起來了。在這個色陰區宇裡，還有十種境界，都是魔境，自己去看經研究。你們在那裡搞氣脈、三脈七輪、上丹田、下丹田，顛顛倒倒，反反覆覆，在那裡幹什麼？都是在色陰區宇裡。想做到色陰盡，把生理空掉，你以為氣脈通了就成道啊？充其量不過到達了色陰盡而已。能夠達到色陰盡，身體真的空掉了，所謂氣脈不氣脈，已不在話下，那還是最初步的事。佛說這時才能「超越劫濁」，五濁中跑出一層而已。可是成道了嗎？

下面佛繼續說：「觀其所由，堅固妄想以為其本」。這還是妄想，而且是大妄想，不是小妄想。我們現在坐在那裡，是小妄想。那個境界，身心都忘了，正是一個大妄想，是一個堅固的大妄想，還以為自己沒有妄想。

在這一段裡，佛告訴你，在色陰區宇中有十種岔路。十種還是大原則，若詳細講，起碼要講三個月，你們自己去研究，這些都是堅固妄想的色陰境界。

「彼善男子，修三摩提，奢摩他中，色陰盡者，見諸佛心，如明鏡中，顯現其像，若有所得，而未能用，猶如魘人，手足宛然，見聞不惑，心觸客邪而不能動，此則名為受陰區宇。」這是敘述到了受陰區宇時的情況。

還有些人，用功常作空念，空久了，身體僵化了，禪宗稱之為「枯禪」。「枯木岩前岔路多，行人到此盡蹉跎」，你認為要空念，以為只空這一念就對了，那還差得遠呢！搞久了，身心都會僵化的，一百個有五十雙走上岔路。古人這些都是法本，你們都要去看。

現在你們懂了，一點都不必怕，而且是必須要經過的。此時到了感受的範圍，再進一步好像身體被什麼東西壓住了，捆綁了一般，翻也翻不過來。到了用力一掙，翻過來了，有些人就覺得好像有鬼！實際上，是你自己的獨影意識作用，哪裡有鬼？都是生理上不舒服，是唯心所造，沒有鬼那回事。

這時翻過身了，「若魔咎歇，其心離身，返觀其面，去住自由，無復留礙，名受陰盡。」覺得自己離開身子了，道家講出陰神。出陰神有什麼了不起，第七、八識還沒離開，煖、壽、識都還有，所以能看見自己在呼吸。

「是人則能超越見濁」，這時見地不同了，什麼大學問家、大思想家，都不在話下。所謂學問、思想者，其實是妄想之集中而已。

「觀其所由，虛明妄想以為其本。」這還是妄想，這不是色陰的堅固妄想，這時身心可以脫離，妄想變成泡沫一般，空虛了。

「虛明妄想」還是一個大妄想。事實上，五陰都是大妄想。如果在受陰區宇裡頭搞不清楚，還是有十種大魔境界。但神通跟神經，兩個是雙胞胎，境界來時，叫你不作聖解。你把握住《金剛經》所講：「凡所有相，皆是虛妄，若見諸相非相，即見如來」。你不理，不以為自己得了道，那就有助於進步。「若作聖解」，你若認為自己這個工夫了不起，這個就是道，「即受群邪」，就落入阿修羅道，魔道裡去了。

所以佛與魔，地獄與天堂，眾生與佛，只一念之差，也沒有差，一線之隔，也沒有隔。由凡夫到成佛，統統靠般若智慧的一點道理。理不明的話，就要靠佛的經驗。在《楞嚴經》的五十種陰魔裡，差不多把所有工夫的境界，所有的祕密都露給你了。事實上，這五十種陰魔境界，你用得好，就不是魔境了。換句話說，這五十種魔境，都是一步一步的境界，而且有些是必定經過的境界。用得不好，就完了，就下去了。如爬十幾層樓梯，爬不了兩層樓就下去了，這是修行用功要注意的地方。所以，經題上所謂的「大佛頂如來密因修證了義」，的確是明言密意。故佛於《金剛經》中說：「須菩提，如來是真語者、實語者、如語者、不誑語者、不異語者。」釋迦牟尼佛沒有騙我們，也沒有瞞我們，是我們自己讀經沒有參通他的密因，也沒有參通他告訴我們的修證方法。

以上是我們的第二個綱要，修證上的綱要。

第三講

內容提要

走火入魔

受陰

想陰

行陰

識陰

這幾次上課，就像上市場買菜，菜買好了，等於材料有了。希望同學們聽課時，把我的意見聽懂了，自己來求證修持。我講課向來不預作綱要，隨機而說，因材施教，希望大家都能走上修持的道路。

前兩次上課的綱要是見地、修證、行願三種。修定祇不過是修證中的一項而已。定是世間共法，為佛法、外道所共有。佛法的不共法不是在定，大家注意！不要把「定」當成佛法，這個觀念要認識清楚，佛法的不共法是「慧」。定是修持的一種，但是修慧不離於定。換句話說，外道都做得到定，你學佛怎能做不到！釋迦牟尼佛說：佛通一切智，徹萬法源。佛能通達一切萬法，為天人師。你既然要學佛，當然也要學會定。

上次講到修持方面的事相，普通稱為做工夫。大家記得吧？我講課有些學生記不下筆記，以為沒有秩序，真冤枉，我不過從引證中又舉例引證；雖然離開了，但仍在所講範圍裡，還是又會轉回來。你們做筆記就做不下去了，其實內容是很有條理的。

前兩次上課綱要：由事相到四加行綱要，再轉入這裡。如果般若不夠，佛法也成魔境，即執著成「我」。譬如五陰境界——色陰、受陰、想陰、行陰、識陰，等於可能發生的五十種陰魔。有人打坐一聽到走火入魔，就嚇住了，當場就入「魔」，坐不住了。其實哪裡來的火？哪裡來的魔？魔由磨字變來，根本就沒有一個魔。好比全世界人說鬼，其觀念還是離不開人類思想的形態。即如天堂、神仙，西方與東方的觀念都一樣。你意識裡有鬼，鬼就來了。「開口神氣散，意動火工寒。」走火入魔是你心理思想搞錯了，自己製造的，你自己「磨」自己而已，都是天下本無事，庸人自擾之罷了。

所謂走火入魔，是武俠小說亂寫的。為什麼說到這個？因為我們引用五陰境界，每種都有十種魔境。其實，不止十種，佛只說大原則而已。現今社會人類心理，文化發展，都是一些魔境，大家沒有看清楚。一個是佛經，已經太古老，被它困住了；另一個是太現代化，沒看清楚。兩個綜合起來，就知我佛如來大慈大悲，都已經說過了。如果我光講那五十種陰魔，就得花掉好幾個月，只好暫時略去。

上次介紹色陰境界時，提到「堅固妄想以為其本」，佛把妄想分析得很清楚。有人不懂堅固妄想是什麼意思，大家到過精神病院吧？形成精神病的那種牢不可破的病態心理，就是堅固妄想的一種。嚴格的說，擴大範圍來講，所有的色陰境界，都屬於堅固妄想。必須要色陰盡了以後，才能破這個範疇。

現在讓我們再看看受陰盡了以後，是什麼境況。

「彼善男子，修三摩提，受陰盡者，雖未漏盡，心離其形，如鳥出籠，已能成就，從是凡身，上歷菩薩六十聖位，得意生身，隨往無礙。」打坐覺得舒服，不久腿麻了，這些都是受陰範圍。脫離了這個感覺狀態，才是受陰盡。盡，並不是像死人一般，而是感覺快樂的、舒服的、與宇宙虛空是合一的，形容不出，我也不想形容，因為你們沒到這個境界，無法懂。

受陰盡了之後，雖然還沒有到達漏盡，但心已能離開形體，如鳥出籠，達到菩薩的意生身。你們聽了莫妄想，如能達到這一步，到美國不必買機票，說去就去，但別人看不見你，你卻能看到別人。（眾笑）

「譬如有人，熟寐寱言，是人雖則無別所知，其言已成音韻倫次，令不寐者，咸悟其語，此則名為想陰區宇。」到達這個境界，如人說夢話，夢中說話很清楚，很有條理，但說過就忘了，必須問旁邊的人，旁人再告訴他詳情。佛比喻人可離心，但自己作不了主，等於夢中說話，自己好像懂，又像不懂。到達這個境界，還是思想功能的範圍，還離不了意識境界，屬於想陰的範圍內。換句話說，你妄念還是在動，只不過這一句話，佛沒有說出來罷了。接著：

「若動念盡，浮想銷除，於覺明心，如去塵垢，一倫生死，首尾圓照，名想陰盡。是人能超越煩惱濁，觀其所由，融通妄想以為其本。」超越了想陰的境界，這時覺明的心性上，就好比沒有了塵垢。如果心裡都不動念了，浮思雜想也都沒有了，那麼，覺明的心上，就好比沒有了塵垢，這時才能談了生死。人最大的問題就是怕死，不知道從何而生，更不曉得死到哪裡。此所謂前途生死兩茫茫。如人在黑暗中怕鬼，其實不是怕鬼，主要是怕「不知道」。等你知道了鬼是怎麼回事，就不怕了。

如果這一念想陰盡，就知道如何生來，如何死去。小乘羅漢可了分段生死。什麼是我們的分段生死？就是諸有漏，善不善等業，由煩惱障助緣所感應，而得的三界六道果報。這種果報有分分段段的差異，所以稱為「分段生死」。所有具見思惑的一切凡夫，都在分段生死中。

六道輪迴，也就是我們的分段生死。羅漢可以了分段生死，但非究竟，因為還未了變易生死，只是請假而已。所謂變易生死，就是諸無漏之善業，依所知障助緣所感之界外淨土果報，為斷見思惑之阿羅漢以上聖者之生死。到達菩薩境界時才能了變易生死。所以，如果你想下次不來了，哪有那麼容易！阿羅漢也祇是能請長假而已。

此時做到不動念了，但是要注意下面那句：「浮想銷除」。很多學禪的人，就落在這個境界中，以為這就是究竟。所以禪宗很容易落入小乘境界，守著那個空，以為就是道。雖然講是講大乘，事實上是很難的。大乘以行願為主，見地、修證為輔。行願談何容易！好難啊！

工夫到此，也不過是「融通」，妄念要到了另一境界時，才會沒煩惱。

這時不過是浮面的妄想融化了——「浮想銷除」，還是離不開妄想的作用。佛交代得很清楚，這時還是屬於思想功能的範圍。

「彼善男子，修三摩提，想陰盡者，是人平常夢想銷滅，寤寐恒一，覺明虛靜，猶如晴空，無復麤重前塵影事。觀諸世間大地山河，如鏡鑑明，來無所黏，過無蹤跡，虛受照應，了罔陳習，唯一精真，生滅根元，從此披露。見諸十方十二眾生，畢殫其類，雖未通其各命由緒，見同生基，猶如野馬，熠熠清擾，為浮根塵究竟樞穴，此則名為行陰區宇。」

色、受、想、行、識五陰，等於五十種境界，照佛經的道理來說，有幾千萬種之多。所以一般人的心理，都是不正常的，說不正常不太好聽，所以稱一般人為：顛倒眾生。

想陰盡的神通大啦！首先是宿命神通。當年大陸上有一個和尚，一念專精，持恒如一，可影響物理世界，叫我皈依他，但我不皈依。神通是戒律所戒禁，不能玩的。違戒的話要挨香板，後來他的膀子都被打掉了，再趕出山門。為什麼這樣嚴格？其中是有道理的。

什麼是想陰盡呢？《心經》上告訴你：「無無明，亦無無明盡。」無明到哪裡去了？轉了。唯識不是告訴你，轉識成智嗎？其實講穿了沒有用，害了後來的人；不講穿也害人。所以佛說：不可說！不可說！最好閉嘴不言，因為太難了。

上面討論的都是想陰的範圍。告訴你們一個祕密，如來密因：五陰的中心是「想」，「想」與「思」在唯識學中是屬於五徧行，最重要的。所以你把佛經融會貫通了，三藏十二部都挑出來，一部一部的去搞，鑽進去，爬不出來的。能爬出來的就會說：「不過如此。」不過能鑽得出來的人不同了，這是閒話。現在告訴你，想陰盡就是這個境界。

再進一步是行陰境界。在想陰盡之後，平常「夢想銷滅」，《心經》上說：「遠離顛倒夢想，究竟涅槃」，與《楞嚴經》中「夢想銷滅」，語句上有相同之處，但兩個所比喻不同。《心經》是講實相，《楞嚴經》是講修證，主題不同，所以不要亂扯。

如何叫「夢想銷滅」呢？例如「聖人無夢，愚人無夢」，睡眠中有夢、無夢姑且不管，因為很多人睡醒來就忘了。至於說妄想沒有，會講話，會做事，「物來則應，過去不留」，此心平平靜靜，學禪的人能做到這樣嗎？不能！意見多得很。真正到達想陰盡者，才能做到「夢想銷滅，寤寐恒一」。睡著與醒著一樣，做到沒有？可以說沒有半個做到。真能做到時，睡在那裡舒服得很，自己打呼嚕都聽得到，只要睡一個鐘頭，相當於睡七個鐘頭。還有一個有趣的事，就是清清楚楚知道自己在睡覺，心中粗重沒有了，那多可愛！當時憨山在盤山頂上的一大光明藏，比起這個來，就差得遠了。

「觀諸世間大地山河，如鏡鑑明，來無所黏，過無蹤跡，虛受照應，了罔陳習，唯一精真，生滅根元，從此披露。」

修行人到達這個境界，看世間萬事萬物，好得很，就好像在大圓鏡中看這一切一樣。此時「時人見此一株花，如夢中相似。」所以讀書人看這類經書，哪裡能懂？這是講工夫境界，如燈光般照見萬象，「物來則應，過去不留」。交感相應，答覆過就算了，就沒有了。「了罔陳習」，看世界一切事情都是虛幻，到手就了，過了就沒有。他也發脾氣，發完了，屁事都沒有。你不對，他罵你，是你該罵，過去就沒有了。不像一般凡夫，一點事都在心中計較。

這時，過去的習慣都改變過來，只看到自己生命有一個東西。一個什麼東西？「乾坤之內，宇宙之間，中有一寶，祕在形山」，真有個東西。我說一句事相上的話，你工夫到了時，真覺得生命上有個東西回轉到身上來，既非靈魂，又非物質，絕對唯心，他能生萬事萬物，也就是傅大士那個偈子：

有物先天地　無形本寂寥
能為萬象主　不逐四時凋

這個來了，你愛如何便如何，心境絕對可以控制。《楞嚴經》無法描寫那個東西，就叫作「精真」，不是生理精蟲那個精。換句話說，生理的精蟲卵子，是那個東西變化來的；一切細胞一切神經等等，也都是他變化來的。

所以你沒有到達那個境界，講修定兩個字，免談！

但是，到此也不過是剛剛開始，才開始修行，不能算成功。所以，學佛是科學的，一加一等於二。這個一還沒有到，不要吹！佛經這部分還看不懂，工夫到了，你才看得懂。

「精真」也就是百丈禪師所講：「靈光獨耀，迥脫根塵，體露真常，不拘文字，但離妄緣，即如如佛。」就是這東西。但是你研究禪宗，一般所謂的找到了「這個」，見到了「那個」，那個地步並不就是佛，那只是認得了走入佛的路線。即使像《楞嚴經》這裡所說，「虛受照應，了罔陳習，唯一精真」之後，也是「生滅根元，從此披露」。還沒有成佛。實際上想陰盡了，還是妄想。

想陰盡了，進入行陰境界的現象：

「見諸十方十二眾生，畢殫其類，雖未通其各命由緒，見同生基，猶如野馬，熠熠清擾，為浮根塵究竟樞穴，此則名為行陰區宇。」

這時你看到的生命類別多了——一共有十二類眾生（又簡稱十種異生，

諸如胎生、濕生、卵生、化生、有色、無色、有想、無想、非有想、非無想等，十二類別的生命。）到了這個境界，可看到十方裡所有的生命種類，看得清清楚楚。同時「見同生基」，看到我們這個生命的原動力，也就是一股生的業力的根本，有個東西在動，換成唯物的比方，好比科學中看到原子，有個原子在動，雖然其形不同，各有各的形狀，但其根本結構，都是原子。而這個心物結合的「生基」，好像電能一樣在動。

最近報紙提到無性生殖，有人問我可不可能，我說可能，在理論上可能，在科學上做不做得到，那就不知道了。有一個剛從國外回來的同學說，不要受騙，這只是騙騙錢，事實上做不做得到，他本人也不信。

佛學上講，欲界天的生命靠兩性，靠情欲。不管欲界、色界、無色界的生命，都有一個東西在動，這個東西「猶如野馬」，這個野馬不是一匹馬。莊子說：「野馬也，塵埃也，生物之以息相吹也。」就好比陽燄，有如光影。我們的業報身、我們的生命，就由一個共同的「生基」而來。「熠熠」不是指有形象的發光，是形容移動投胎來時，閃動著，也就是中陰身、行陰的境象。有時，有定力者，忽然看到有個影子在你面前閃動，就是一個中陰身來投胎，當然他不是找你，只是路過而已，很快就過去了。

「清擾」，在一個清清靜靜的境界中，一個擾亂的動力。「浮根塵」，你眼睛一揉，馬上星光點點，這是生理受刺激而發光的一個虛幻現象。這個現象要加以追究，不追究就相信的話是糊塗。

「究竟樞穴」，在行陰境界中的修行人，工夫到這裡，正是「行陰」，「定」不必靠打坐，就在定中，每個生命的來源都知道了，清清楚楚。連自己生命的那個動力，心物結合的那股動力，都清清楚楚。這個境界，叫「行陰區宇」，行就是運動。《易經》上說：「天行健，君子以自強不息。」行就是宇宙永恆地在動，中國文化是如此活潑，無一不動。不動，宇宙就毀滅了。有人說，打坐是靜。其實入定才是大動，到了這個「行陰區宇」，就清楚地看到一股生滅的動力。

「若此清擾熠熠元性，性入元澄，一澄元習，如波瀾滅，化為澄水，名行陰盡，是人則能超眾生濁。」

不起波瀾作用，宇宙歸到那個大靜態中，還超越過這個大靜態。形容為澄水，變成波瀾不起，「夜靜海濤三萬里，月明飛錫下天風」。出家人對中國文化要特別努力，把清修時的記錄保持下來，可觀得很，這詩就是這個境界。「太湖三萬六千頃，月在波心說向誰」。也是這個境界。這就是「行陰盡」的境界。佛給你一步一步，一個程序一個程序地解說，無法躐等，《楞嚴經》云：「理則頓悟，乘悟併銷，事非頓除，因次第盡。」沒有辦法讓你躐等的。修持到達這裡，可超越眾生濁，可解脫生命的生死根本。

「觀其所由，幽隱妄想以為其本。」這還是個大妄想，他並沒有說這個大妄想不對，注意！這就是「密因修證」，要把握住這個經題，祕密在這裡面，佛並沒有說這個妄想不對。不過佛叫你認識清楚，把妄想變成堅固妄想，是色陰境界；變成虛明妄想，是受陰境界；變成融通妄想，是想陰境界；變成幽隱妄想，是行陰境界。但那個不變的在哪裡？

釋迦牟尼佛的佛學，真是一部大辭典，他的字字語語，都是好極了的。幽隱妄想，把妄想提升進入另一種狀態，幽隱深遠，不可限量的深度，深到了「隱」，引發了不可知意念的功能。

你看！妄想可使它起堅固作用、虛明作用、融通作用，也可使起幽隱作用，所以研究佛經要特別注意。

「彼善男子，修三摩提，行陰盡者。諸世間性，幽清擾動；同分生機，倏然隳裂。沉細綱紐，補特伽羅，酬業深脈，感應懸絕。於涅槃天，將大明悟。如雞後鳴，瞻顧東方，已有精色。六根虛靜，無復馳逸，內外湛明，入無所入，深達十方十二種類，受命元由，觀由執元，諸類不召，於十方界，已獲其同，精色不沉，發現幽祕，此則名為識陰區宇。」

這就是唯識的境界，實際上，五陰也就是唯識所變，都是唯識所生。《楞嚴經》解釋這五陰的作用，與唯識法相所解釋的方向不同。大家要配合起來參究，才能融會貫通。但這只是勉強這樣說而已。

由行陰轉到識陰境界時，是當行陰盡了，陽極陰生，又進一步即轉入識陰境界。行陰境界也有十種魔，到了識陰中，不稱為魔，而稱作外道。

什麼是外道？四果羅漢聲聞、緣覺，在佛法上都算是外道。因為他們沒有透澈證菩提道果。所以，從這個觀點看，也都是外道。這是根據佛說的。因此有些大思想家、大哲學家，不能成佛，因為生生世世愛好搞思想，永遠搞下去，要好多劫才可以轉回來。佛並沒有說這樣不對，而是可憐他們，被思想學識這個東西困住了，永遠在那裡轉。但是他們不會到下三界裡去，如《楞嚴經》所講：「純想即飛」，「純情即沉」。搞思想的人是向上走，如果是被情慾牽著走的人，就會往下墮。

所以我常說，許多讀書的知識分子，夫婦間及家庭間，常常處得不太好，都是因為太過於向思想上面發展的緣故。佛經上講幾分情、幾分想，會墮落生在何處。照此說來，一切生物乃至植物，也都是有執著的。

到了行陰盡時，這宇宙世界真的可以了了嗎？「補特伽羅」（補特伽羅，舊譯為人或眾生，新譯是「數取趣」，即在六道輪迴中常常不斷的在生死輪迴。）在這時，因「因果報應」而來還帳、算帳。這時，行陰盡了，中陰身的重點在哪裡，自己都可以知道，這一股力量吸不了自己，一般人則一吸就被吸走。到了行陰盡時，就可以向這個生死請個長假了。

有人打坐，坐不了多久就坐不住了，不是腿麻，就是覺得坐不住，或者想看看錶。行陰的作用，是坐久必動，或是仁者心動。信不信試試看！參禪的人處處都是話頭，參看看，為什麼？為什麼六點鐘起來的人，每天六點都會按時起來？因為他的神經比較執著，這些日常事都是學問，都是話頭。佛能通一切智，徹萬法源，不可一事不懂，事事糊塗。

到了此處，這股感應的吸力就斷了，這時生死還不能作主，但有些人能作主，有些人或作一半主。有人入胎不迷，住胎迷；有人住胎也不迷，出胎迷。我過去曾經有一友人，他對入胎出胎還有點記憶影像，就是這個道理。

到了這個境界，不過「感應懸絕，於涅槃天，將大明悟」，將要大澈大悟了。等於天快亮，看看有一點曙光出來。這時身心六根清淨，不會向外面跑，而進入了無所入的境界，就是《楞嚴經》觀世音菩薩講到證入耳根圓通法門：「入流亡所，所入既寂」。此時，身心通達，十二類眾生生命的根本，有了「觀由之本」，不去投生，可以留在自性本位之中，就如傅大士那首偈頌所講的：

有物先天地　無形本寂寥

能為萬象主　不逐四時凋

這就是進入解脫生命的識陰區宇。

第四講

內容提要

水老鶴
識陰
五陰及邊際
妄想本空
四大解脫
佛說《法華經》
拈花微笑

上次我們談到修證的事相，說到《楞嚴經》的五十種陰魔，都是修持過程的現象。關於五陰的解脫，還沒有講完，上次講到最後一個識陰的範圍。

現在先提一個要點，我們這一次講課的重點在修證，現在還沒有正式開始，只是講修證有關的資料。不過大家注意：大家聽課要聽清楚，教書的人常常發現，自己在上面講課，如果下面十個人聽，十個人的瞭解都不一樣，一做測驗，你就會知道，你說西他聽到東去了。所以，尤其是聽佛法，一定要特別小心注意。

我引一個佛經的典故作比喻：釋迦牟尼佛過世後，一、二十年間，阿難尊者還活著，阿難老了，他的相貌就跟他的哥哥釋迦牟尼佛一樣。過去大陸上，比丘尼一定是供阿難尊者，因為佛不答應女性出家，還是阿難硬要求下來的，佛就罵他一頓：你搞的好事，我的佛教要早滅五百年。阿難以前代他的姨媽要求出家，後來人稱阿難為歡喜尊者，不是雍和宮歡喜佛的意思，大家不要搞錯了。

阿難尊者還在世時，佛的弟子中有一位法師，也跟佛學過，是再傳弟子。他教弟子佛法，一傳再傳，有的便說：佛是這樣說的。「阿難尊者一日入竹林，聞此誦偈曰：若人生百歲，不見水老鶴，不如生一日，而能得見之。」徒弟們都這麼唸。阿難尊者一聽，糟了，這是哪個師父教的？徒弟們說是師父教的。阿難告訴他們，佛的意思是：「若人生百歲，不解生滅法，不如生一日，而得解了之。」口音不對，就變成「不見水老鶴」了。阿難糾正這班弟子後，弟子們就回去跟師父講。師父說：「你們不要聽阿難的話，他老了，昏瞶，還是我的對。」這一下把阿難尊者搞得沒有辦法，好在當時有一位聖宿大士，說了一首偈子：

彼者念諷偈　實非諸佛意
今遇歡喜尊　而可依了之

這首偈子是說：阿難說的對，另一個說法說的不對，才把他糾正了。佛涅槃還沒多久，佛法就變質到這個程度。佛滅後一百年，因對戒律和教法，各有不同見解，而分為上座部與大眾部二派；佛滅後四百年左右，已演化成二十部了。所以現在人鬧些意見算什麼，佛所親自教授的弟子尚且如此，何況我們。

聽佛法要注意，不要發生偏差，把生滅法變成「水老鶴」，那就真叫牛頭不對馬嘴了。

現在繼續講識陰區宇。識陰範圍大得很，其實五陰的範圍都很大，這還是講好的境界，正面的境界。如果走真正修持的路子，每個人都會經過這些步驟，真正修持的路，幾乎是固定的。

「若於群召，已獲同中，銷磨六門，合開成就，見聞通鄰，互用清淨。」關於一切生滅的根源，在行陰區宇的範圍，已經說得很清楚了。這裡的六門就是六根，眼、耳、鼻、舌、身、意。我們一般人不靠眼睛就看不見，不靠耳朵就聽不見，為什麼？我們生命無始以來的業力，必須要靠這些器官各自的功能。如果真正到達了修持有成就，識陰解脫的範圍，就可以不靠這些生理功能了。「銷磨六門」，就是說成就者不受六根功能的限制、障礙，而且「合開成就，見聞通鄰」，眼睛可當耳朵用，耳朵可當眼睛用。這聽起來有些古怪，其實一點都不古怪，不但有成就的人可以辦到，有些事連凡夫也可以做到。

比如我們注意一件事，只注意前面，但是後面有人過來你也曉得，沒有回頭，也沒有用眼睛看。現代人講第六感等，都是屬於這個範圍。不過這是普通人一點點體會，到了「合開成就」，境界就大了。下面八個字「見聞通鄰，互用清淨」，說明了六根互用不是雜亂、煩擾的，而是非常清淨的。我們常說出家人六根清淨，就是語出這裡。六根清淨不是聽不到聲音，而是不論聽到好的、壞的、善的、惡的、是的、非的，都一樣清淨，這個清淨以後要再討論。

到此時，「十方世界，及與身心，如吠琉璃，內外明徹，名識陰盡。」識陰進一步解脫，達到什麼境界呢？整個的宇宙，以及個人的生理、心理，整個身心，跟宇宙渾然一體，像一個琉璃圓體，內外透明，通體光明，沒有障礙。到了這個境界，才算解脫了識陰的作用。

識陰解脫了，就很了不起，我們望塵莫及，連想都想像不到的。現在先把理透澈了，搞清楚了，修行的事相就容易了。佛說到達這個境界，「是人則能超越命濁」，才了三界的命根，可以超出三界了。但要注意，到識陰了了以後，才可以超越命濁。下面佛的結論又要特別注意了！

「觀其所由，罔象虛無，顛倒妄想以為其本。」由識陰境界而到「識陰盡」，而至於「超越命濁」，仔細一研究，這還是妄想作用，還沒有離開一念。我們學佛打坐都討厭妄想，要趕掉它，但是你們看，要能解脫五陰境界，也就是靠它呢！大家現在學佛學禪的，不管你學什麼，總把心理的思想、意識狀態，往來於腦子裡頭當作一念。但這只是一念的浮想，浮在上面，還不是真正妄想意識之根。所以佛在《楞嚴經》開始時，告訴阿難：「縱滅一切見聞覺知，內守幽閒，猶為法塵分別影事。」又說：「現前雖成九次第定，不得漏盡成阿羅漢。」他說你們學佛就算滅掉一切見聞覺知，清清淨淨的，都還在意識的狀態中。

法塵就是意識，為什麼？譬如當你聽過佛法有什麼境界等話，你下意識已經先中毒了。所以你靜坐起來，達到那個境界，有時並不是真的，而是你的意識狀態，將那個境界勾劃出來。這只是隨便打一個比喻。甚至你雖證得九次第定，也還不能證果，何況只是「法塵」影事！

「法塵分別影事」，是第三重錄影。比如我現在講話，錄音是第二重，別人再拿去錄是第三重、第四重。它究竟不是我現在講話的真聲音。就是這樣，到達這個境界還是大妄想，而這還算是正路。佛告訴你，這裡頭有邪路——外道。五十種陰魔，最後的識陰叫作外道。羅漢、聲聞、緣覺都是外道之見。佛說這是「罔象虛無，顛倒妄想」來的。

「罔象」這兩個字出自《莊子》，罔象等於影像，也就是影像的影像。當然，它不是一個實際的東西，它是虛幻，卻也的的確確有那個影像，所以《楞嚴經》這裡這個「罔象虛無」，放在「顛倒妄想」上面，的確安排得很好。

你看，這一念這麼難，五陰就是一念。有時我們覺得，自己念頭清淨了，身心內外清淨，能達到這個境界，一半還是生理幫忙你，心理較寧靜時，才能夠達到這個境界。因為是身心兩方面互相影響，所以仍屬於色陰境界。這個裡頭一走偏差，問題就多了。比如我們這時氣脈——嚴格說，還談不上氣脈，只能說你那個神經系統，在平常的感受境界上，突然得到一種沒有經驗過的寧靜境界，因而起了變化。尤其是當氣脈通過後腦這一部分時，耳朵會聽到一種聲音；到了眼睛，眼睛出毛病；到了牙齒，牙齒出問題；到每一部分都出問題。了解了這個問題，都可以因應、證入；不瞭解這個關鍵，就會走火入魔。其實，既沒有火，也沒有魔，這是你心理幻想變化的錯覺。而你認為的清淨，也不是清淨；你認為的光明，也不是光明。

《楞嚴經》最後，把漸修方面的次序工夫，講解得很清楚，頓悟不離漸修。我們平常看《楞嚴經》，絕對會馬馬虎虎把珠寶看過去，其中的巧妙你去找吧！珠寶都埋在泥礦裡頭，自己去找吧！它是藏在五十種境界裡頭，要用智慧，把首尾貫通，要讀到滾瓜爛熟才能真懂。我現在告訴你們的，是我花了幾十年的時間成本，才把密因抽出來的。你找找看，古人也沒有把它認真指出來過。所以「莫將容易得，便作等閒看。」

下面是一個總論：

「汝等存心，秉如來道，將此法門，於我滅後，傳示末世，普令眾生，覺了斯義，無令見魔，自作沉孽。」佛吩咐他的出家弟子，一定要存心發願。存心就是發願，儒家稱為存心，佛家就叫發願，也就是立志的意思。佛說等我過世以後，把這個法門，傳給修持的人，使一切眾生明白這個道理。「無令見魔，自作沉孽」，一切觀念、一切修持的錯誤，都是「見」的問題。見解的錯誤，也就是所謂「見濁」。我們這個世界，有所謂「五濁惡世」的說法，見濁就是五濁之一。這世界上意見最多了，例如戰爭，就是因意見上的紛爭而起，人的煩惱都是從意見上產生的，我的對，你的錯，大家就鬧起來了。執著了個人見解，變成了見魔。佛說「自作沉孽」，這個孽字，不是那個業字，這裡乾乾脆脆，就是說自己造孽。

「保綏哀救，銷息邪緣，令其身心入佛知見，從始成就，不遭歧路。」所以你們要把修持的路子告訴大家，使大家不要走錯了路，走錯了路不得了。

「精真妙明，本覺圓淨」，「精真」比喻這個本性，生命本來的這個東西。《楞嚴經》上不用學理性的名稱，如「真如」啦，「法界」啦，「法性」啦，「如來藏」啦……乾脆用事相來表達。每一本經典都有它的重點，《楞嚴經》偏重在修證，所以明明白白用這個代名辭——「精真」。佛家講本性是本覺，始覺覺什麼？覺那個「本覺」，並不是另外得到一個東西，是覺我本來的東西，這個東西是本來清淨的。

「非留死生，及諸塵垢，乃至虛空，皆因妄想之所生起。」注意這句「非留死生」，不是沒有生死，生是有的，只是生死無妨，不留不礙，不垢不淨，沒有關係。所以張拙秀才悟到「涅槃生死等空花」，不但生死等於空花，涅槃也等於空花。換句話說，你認為涅槃是一個東西，涅槃就是生死。又換句話說，你證了生死本來虛幻，生死就是涅槃。這個「留」字實在用得好極了。「非」字也改不得的。

年輕的出家同學，你們注意！未來的佛教，中國文化的佛教，是要你們挑擔子的。文學沒有搞好，這個擔子怎麼挑啊？挑不起來的。唐、宋以前的高僧為什麼樣樣好？再加上詩詞歌賦，個個都是高手，他們會的，你們不會，所以那時上自皇帝，下至挑葱賣蒜的，沒有不佩服這些高僧的。而現在我們作了出家人，你不會的，在家人會；你會的，在家人都會，那麼問題不就來了嗎？我站在你們這一邊，勉勵出家人，要發願挑這個擔子。你看！《楞嚴經》翻譯，一個字也不能馬虎的，「非留死生」，不但「留」字用得好，那個「非」字，也真不知用盡多少心思。

這部《楞嚴經》是般刺密帝法師帶過來的，當時印度是禁止佛書出境的，違犯了就要殺頭。據說這位大師把自己脅下的皮肉剝開，把這本經縫在皮肉裡頭，才能帶到中國來。我們讀經往往忽略了當時種種艱苦的情形，所以佛教中有預言，這本經最後傳進中國，到了末法時期，這本經最先被毀掉。末法來了，開始有人攻擊這本經是假的，後世人聽到這批學者的偽經論調，也就不去看它。其實這批學者也不是學佛的，什麼工夫，什麼修證，一概都沒有。

接著又再叮嚀：「斯元本覺妙明真精，妄以發生諸器世間。」這個問題大了，是科學的領域，這也是《楞嚴經・第四卷》，富樓那問佛的問題。你說本性本來清淨，本來圓明，為什麼形成這個物理世界呢？第四卷所討論的問題，就是這個地球怎麼變出來的。我們打坐為什麼丹田會發煖？祕密也就在這裡，佛把祕密露給你，所以《楞嚴經》自稱是「密因修證」，他的祕密放在裡頭，而且根本也沒有祕密，「乾坤之內，宇宙之間，中有一寶，祕在形山。」就在你那裡。

《法華經》也告訴你這一點，一切眾生本覺妙明，因為妄想而發生了器世間。器世間，也就是物理世界。真正的佛法是純粹唯心的，物理世界是心的功能變化的附屬部分。所以佛說：「如演若達多，迷頭認影」，當釋迦牟尼佛時代，城裡有一個人，名叫演若達多，長得蠻漂亮的，一天早上起來照鏡子，咦！我的頭到哪裡去了？鏡子裡是有一個頭，有哪個人看到過自己真正的頭？有人看到自己這本來面目沒有？鏡子裡看過，但鏡子裡焦點相反的，也不是真的自己。演若達多天天找，天天找，找瘋了。這故事形容得好極了。是嘛！我們的真頭掉了，用的都是這點影子，都是第三重的幻影。

一般人打坐，都想除妄想，讀通了佛經後，你就會哈哈大笑，不去除妄想，「妄元無因」嘛！你坐在那裡打坐除妄想，你不是受罪嗎？妄想本來空的。比如，妄想來了，唉啊！妄想，我要去掉它，剛起這麼一個念頭，那個妄想早跑掉了，你還在這裡趕妄想呢！妄想是無根的，所以《金剛經》告訴你：「如來者，無所從來，亦無所去，故名如來。」這明白告訴你，它是無根的，因為妄想本身，非因非果，還怕它什麼妄想！你如果有本事，想它三天三夜，看看能不能不睡覺，專門妄想，如果做到了，我向你磕頭。對！有人做得到，台大精神病院裡頭有人做到，但他們也不是自始至終只有一個妄想。他們的妄想也是波動的，一波過了又換一波，妄想是這樣跳動的。所以，你除什麼妄想呢？

「於妄想中，立因緣性。」妄想是因他而起，自己沒有本因，因外相而引起。講唯識「依他起性」，就是把意識跟外界，兩方對立起來。但是你不曉得，你自己本身就是外界。依第六意識來講，外界就是前五識；譬如四大也是外界，外界的變化引起意識的反應。拿第八阿賴耶識來講，你的四大，你的意識分別，本來都是外界。這要注意了，所以我們看到全世界的人在搞唯識，如同搞《易經》一樣。學《易經》搞八卦的人，古今中外，都陷在八卦陣裡頭，永遠沒有爬出來過。什麼八八六十四卦，又畫圖，又數字，搞了半天，完了，趴在裡頭作遊戲可以，真要用也用不上。搞佛學也是一樣，不求修證，永遠爬不出來，就是被這些名辭給困住了，將佛學變成了思想。就在那裡玩思想，永遠的玩下去，玩了半天，對自己的身心一點幫助也沒有，所以千萬要注意。

許多人對「妄元無因，於妄想中，立因緣性」弄不清，於是「迷因緣者，稱為自然。」你認為一切因緣都是「自然」來的。這「自然」不是中國文化的自然，而是印度哲學思想中的自然哲學派。那個自然，是一個理念構成一個東西，所以印度的自然哲學，與道家老子的自然，不能混為一談。中外的著作，在講印度哲學史時，入手都錯在這個地方，毫無辦法。這就是瞎子牽瞎子，滾進去一堆渣子，全錯了。而古人有些大師們，著作老子學說，批評老子，也錯了；他們把老子的自然，跟印度自然學派的自然攪在一起，所以說也錯了。

佛告訴我們：「彼虛空性，猶實幻生，因緣自然，皆是眾生妄心計度。」他說，就整個宇宙來說，太空也還不是永恆存在的東西。在《楞嚴經》的前面，釋迦牟尼佛曾說，「當知虛空生汝心內，猶如片雲點太清裡。」太空是如此渺小，整個太空還是幻想構成。換句話說，太空是屬於「七大」的範圍，是物理的東西，是唯心的心性所附屬的一個現象。何況我們還是因緣所生法的，還是太空物質世界中，地面上的爬蟲，叫作人類，而這些名辭都是我們腦子所構想出來的，所以也就更靠不住了。懂了嗎？總之，太虛、太空還是一個幻境。何況我們這些學問，是這個太空裡頭的地球，地球裡頭的世界，世界裡頭的爬蟲，這些爬蟲叫作人，人的腦子裡頭所構成的幻想而已。所以「皆是眾生妄心計度」，說得好聽叫推理，不好聽就是估計、猜猜而已。

「阿難，知妄所起，說妄因緣，若妄元無，說妄因緣，元無所有。」注意這個「知」，你那個知道妄想起來的那個知，那一點的關係，加上執著這裡面的構想，「說妄因緣」，說妄想是因緣所生，如果你明白了妄想自性本空的話，「說妄因緣，元無所有」了，本空嘛！

「何況不知，推自然者」，至於那些認為這些生命的心理根源，是因自然而來的，就更不要談了。

「是故如來與汝發明，五陰本因，同是妄想。」所以佛說，我上面告訴你，我們這個五陰——色、受、想、行、識，在發揮作用時，各有不同。歸根結柢，五陰雖不同，但都是一個大妄想。

世尊接著就五陰的妄想性質各作解說，而後總結說：「是五受陰，五妄想成」，這五重感受的陰境，就是五種妄想的形成。「汝今欲知因界淺深」，你們如果想知道他們的構成的因素和範圍的話，現在我告訴你。

五陰第一個是色陰，「唯色與空，是色邊際。」一種「形」或「相」的呈現，就是色；相對於「色」的呈現，那就是色的消失，也可以說是一種「空」。由於這個「空」是物理世界的空，或者心理概念上的空，嚴格說，也是一種「相」，是「空」的「相」，所以仍屬於色陰的範疇。這也就是

「唯色與空，是色邊際」的道理。

「唯觸及離，是受邊際。」譬如我們手一碰、一離，是受陰範圍裡兩大現象，這還是以大原則講。如有些人與朋友分開，心裡的感受很難過，那不是這個觸，而是「想」所構成的觸。這五陰還要重重打滾的，等於中國算命講五行，錯綜複雜，木剋土，土剋水，水剋火，火剋金，金剋木，這裡頭身心互相影響很大。

「唯記與忘，是想邊際。」在想陰的範疇裡，有記得和忘記，兩大作用型態的呈現。忘了就是對某件事情想不起來了，在「想」的天地裡，呈現一片模糊，無記的相，所以同「記」一樣的，屬於想陰的範疇，只是「記」與「忘」是相對的兩種現象。

「唯滅與生，是行邊際。」在行陰的範圍裡，則是「生」、「滅」兩大相對作用型態的呈現。

「湛入合湛，歸識邊際。」這就很難解釋了，湛就是澄清，心境到了澄澄湛湛，空靈一片，這是上一個「湛」。「入」，進入那個自性本體的，了無所有的，澄澄湛湛的境界，就是「湛入合湛」，這就是第八識如來藏性的範疇。

「此五陰元，重疊生起。」這是五陰的根元，這五陰就如同中國文化的五行，是同樣的麻煩和複雜。五大因素間互相影響，互為因果。佛經裡頭有一部叫《五蘊論》，但是還沒有講得清楚。在印度的十二因緣，也是根據十二個時辰來的，等於中國文化的子丑寅卯辰巳午未申酉戌亥。無明就是子，無明緣行，行就是丑，那是另一套學術研究了。從前大陸上的大廟子，當方丈要收徒弟時，用《達摩一掌金》來看，哪一年，哪一月，哪一日生的，算出來是可以出家，或沒有佛緣不要出家。《達摩一掌金》就是根據十二地支來的，十二地支是十二因緣來的。你說靈光嘛！佛法講一切唯心，大禪師大方丈們，就不用這一套。

「生因識有，滅從色除。」一個凡夫的生滅，色沒有了叫作死亡。修道則「滅從色除」，先在身體上想辦法。如果身體的障礙除不去，五陰脫不掉，那有什麼用呢？閉起眼來打坐，只不過在這個身體裡頭打滾。這裡不舒服，那裡舒服，這邊不通，那邊通了，轉來轉去都不出這個身體。就像禪宗祖師罵人的話：閉起眼來，在那個黑山鬼窟裡頭作活計。

「理則頓悟，乘悟併銷，事非頓除，因次第盡。」五陰的解脫是一步一步來，是科學的，是沒有辦法違反的原則。當然有人一上路，也可能先從行陰或識陰解脫，步驟並不是完全固定的。頓悟是講見地，漸修是講修證。見地真到了，後面修持的事相就必定已到。但是話又說回來了，見地真到了，正好修行。

這本經書的重點在修證。前面七處徵心、八還辨見是講見地，後面統統講的是漸修。換言之，講的都是實實在在的修證方法。事實上，漸修不離頓悟，頓悟也不離漸修。

我的構想是整套的計劃，由初步開始打坐，一直到修持，想向大家作系統地解說，現在仍是先搜集資料。

佛反對神通，但在幾次重要說法時，他現了神通。第一次是阿難出了毛病，佛囑文殊菩薩趕快去救他。《楞嚴經》上講，釋迦牟尼佛兩腿一盤，

「頂放百寶無畏光明，光中生出千葉寶蓮，有佛化身結跏趺坐，宣說神咒，敕文殊師利將咒往護。」

為什麼佛不自己去救？或者顯神通，兩手一抓，把阿難給抓回來，為什麼？這都是話頭。第二次從面門放光，第三次從胸卍放光，第四次從五體放光，第五次從肉髻放光，每次放光都不一樣，為什麼？這些都要研究。

有些經典花樣特別多，像《法華經》裡，統統講故事，而故事裡頭找不出什麼。其中第一個故事，佛一上來就清堂了，佛也沒開口，五千比丘就走了，為什麼？這些處處都是問題，大家都被其中的哲學思想迷住了，叫好！認為這些重點很了不起。我寫《楞嚴大義今釋》時，把地獄天堂略掉了，因為現在沒人相信，實際上那裡頭大有學問。為什麼人變畜生？看得我毛骨悚然，就是說，你一個念頭，一個情緒動錯了，那個因果就來了。這幾十年中看得多了，時代不同，因果更快了，這一部分在修持上是非常重要的。可是大家認為最難懂的是「七處徵心，八還辨見」，其實，那不過是在文字上搞來搞去，還容易懂；但真正的學問是在最容易看的地方，那也就是最難懂的地方。

有關七大的解脫——地水火風空覺識，現在只談有關身體的四大。現代人打坐最喜歡搞氣脈，什麼三脈七輪等等，專門在身體裡頭玩。注意啊！那不過是色陰境界而已，在這裡頭搞來搞去，花樣多得很，玩得你暈頭轉向，頭都昏了，方向都迷掉了。

如果明白了理，就知道不在這個上，不在四大——地水火風上。四大是一念所生，今天講念頭，只知道心裡的思想是念頭，不知道連這個四大也是念頭，《楞嚴經》上都指出來了。

玄奘法師《八識規矩頌．阿賴耶識頌二》：

「浩浩三藏不可窮，淵深七浪境為風，受熏持種根身器，去後來先作主公。」根身器所指的根是六根，身是人體，器是物質世界，都是這一念變來的。這一念就是業力，念轉得過來，業力也轉得過來。所以禪宗了心，就是了這一念，這一念就是五陰，就是八識。修是修這個，不是光修第六意識。第六識一念一念來，也一念一念的去，所以你一念不能了第七識、不能了第八識，還學什麼禪！

我們平常只在心中搞一點意識清明，那是第六識一部分的事，差得遠啊！到了臨死時，四大要分散時，你平常所得的清淨，所得的工夫，一概用不上了，因為單單一個第六意識起不了什麼作用的。嬰兒生下來，第六意識沒有分別，老年糊塗了，也沒有用，可是第七、第八識還在作用，這一點要知道。所以臨死時，你叫他念佛，他說：「不行了，不行了！」真是不行了，但是你怎麼還會講話呢？這時第六意識渙散了，只能起一部分作用。所以，一念不了第七、八識，你學什麼禪！了什麼念！

那麼第七、八識能了，地水火風四個部分在哪裡呢？先講火大，《楞嚴經》云：

「性火真空，性空真火，清淨本然，周徧法界，隨眾生心，應所知量，循業發現。世間無知，惑為因緣，及自然性，皆是識心，分別計度，但有言說，都無實義。」

見到空性就是「性火真空，性空真火」。所以我們的根本老師釋迦牟尼佛，教了很多的寶貝給我們，我們都不知道。很多人打坐，身體發煖，就以為拙火起來。我說你去檢查檢查，可能是病態。四加行裡的發煖，煖與軟是配合起來的，得煖後就返老還童了。見到空性豈只丹田發煖，你若見到空性，愛怎麼樣就怎麼樣。

有些人打坐聽呼吸、數息，「性風真空，性空真風」，呼吸是風大，是生滅法，但靠這個對治身體，也不是沒有用，不過對悟道沒有幫助，真正的悟道是「性風真空，性空真風」。

物理世界都是現象，能變成火、氣流、電。這些現象後面所隱藏那個本體的功能，是「清淨本然，周徧法界」。它同心物是一元的，心理所到達之處，物理就到達；物理所到之處，心理也就到達，這兩個並重，彼此沒有輕重的分別。

「隨眾生心，應所知量」，都是你造的，所以你做工夫時，覺得有身體某一部分發燙，以為是氣脈通了。老實講，那是你的妄想造成的通，美其名為修煉，講不好聽是你妄想打得好大哦！如此而已，這不是道。這是「隨眾生心」而感應，你向這一面求，他的功能就向這一面發展，所以稱為「循業發現」，跟著你的業力轉。「發現」用得好，不是發明，是宇宙間本有的，不是創造的，不過被發現罷了。

這些搞清楚了，才好修行。還有好多要點一時說不完，下次再說，現在轉到《法華經》。

現在中國人講修證，尤其是禪宗，提到兩部經典——《法華》及《楞嚴》。《法華經》比《楞嚴經》來得早，南北朝東晉時代就傳過來了。這本經影響中國文化很大，在文學、學術上，經常可以看到《法華經》的東西。

智者大師師徒二人，創立天台宗，就是宗奉《法華經》。很多過去學「般舟三昧」的高僧們，修持都走《法華經》的路線。真講這部經太難了，這才是真正的一乘佛法。

以前幾次禪七時，都曾講到釋迦牟尼佛為何拈花，迦葉尊者為何微笑。我去年在關中，有一個感想，寫了一首詩，答一位要出家的老朋友：

禪自拈花一笑來　靈山花蕊滿靈台
如何淨土華嚴界　又道花開見佛回

佛在靈山會上，天人供養的花太多了，滿了靈台。有一件事很奇怪，佛教一直都與花有關。然後，我再給朋友一個話頭：

莫妄想　費疑猜　頭陀一去首空迴
東風正放花千樹　盡向南華覺後開

提到《法華經》，為什麼拈花？為什麼微笑？你站在那裡看花，話頭就來了。你懂得花，你也差不多知道怎麼修持了。一顆種子，怎麼開花？怎麼結果？

《法華經》即《妙法蓮華經》，同《莊子》一樣，都是寓言故事，尤其提到講經的功德怎麼大。印度的文化，一句話寫了一大堆，不過，耐心研讀，每句話都有道理。這本經處處都是話頭，它是真講修持工夫。

《法華經‧卷一‧序品第一》：「東方現瑞」，佛放光動地，弟子們認為這一次傳大法了，一定大不同。然而五千比丘卻先退席，認為這個老師不行，變妖道了，退席而去。阿彌陀佛在西方，而《法華經》則專放東方光明——「東方現瑞」。這部經典統統都是故事，每個故事都是話頭。佛的弟子中，智慧第一的舍利子，起來問法。

佛放那麼大的光明，排場那麼大，卻說：算了！算了！我的法太不可思議，不要講，你看五千比丘都退了。在《法華經‧卷一‧方便品第二》中說：「止！止！我法妙難思，諸增上慢者，聞必不敬信。」人都有傲慢心，尤其是學佛的，自認懂得佛。天上天下唯我獨尊，那是佛，不是你。佛說，許多有增上慢的人，對於我要說的法，他決不會信的。

「是法非思量分別之所能解，唯有諸佛乃能知之。」注意！這是見地，尤其我們學佛更要知見正，佛法不是靠思想去搞，佛在這裡告訴我們，真正的佛法不是你思想意識分別所能解釋得了的。下面一句很嚴重，我們也白學了，「唯有諸佛乃能知之。」真正的佛法，只有佛知道，到了佛的那個境界才真懂。難怪那五千比丘要退席了，唯有佛才能懂，那我們何必要學呢？

「所以者何？諸佛世尊，唯以一大事因緣故出現於世。」他說一切佛出現世間，只為了一件事，這件事叫大事因緣。換句話說，佛說佛法只有一乘道，只有一個東西，你懂了就成佛。

「諸佛世尊，欲令眾生開佛知見使得清淨故，出現於世。欲示眾生佛之知見故，出現於世。欲令眾生悟佛知見故，出現於世。欲令眾生入佛知見故，出現於世。」注意！開佛知見，示佛知見，悟佛知見，入佛知見。悟要悟道，入要證入。《法華經》就是開、示、悟、入，最後要證道。

「此眾無枝葉，唯有諸真實。」五千比丘走了，渣子都出去，留下來都是好角色，都是心裡頭清淨、夠格的人選。

「我雖說涅槃，是亦非真滅。」沒有一個涅槃是斷見，是去了不來的。什麼是涅槃？一種現象——「諸法從本來，常自寂滅相。」注意！

《楞嚴經》剛剛提到的——本性，你要悟，哪裡去找？「諸法」講萬有一切，不論精神的、物質的，一切世界萬有的事相，都在生生滅滅，變化萬端。未變之前，及既變之後，乃至變動的過程中，本來就在涅槃中。本來就是寂滅的、清淨的。要懂得這個，先要瞭解這個，這就是參禪，禪宗經常提到這一句。

「佛子行道已，來世得作佛。」你現在去行願、修證，來生成佛。注意！這是他對出家弟子小乘眾中，智慧第一的舍利弗講的。

「佛種從緣起，是故說一乘。」沒有三乘，只有一乘，這一乘是什麼？

「是法住法位，世間相常住。」把前面的「諸法從本來，常自寂滅相。」和「是法住法位，世間相常住。」連起來是很好的一副對聯，你一看就懂得大綱了。佛說這個菩提在哪裡？就在這裡。乃至到了地獄、天堂裡頭，它也就在地獄、天堂裡。就算你在魔道中、六道輪迴中，它都跟著你。諸法都在本位上，這是本體的功能。至於現象呢？「世間相常住」，世間萬有的現象，就是它的現象，所有的作用，就是它的作用。

「於道場知已，導師方便說。」成了佛，你坐在這個位子上，一悟就是你的道場。知道了這個以後，你可以方便說法，怎麼說都是它。

《法華經》的重點又來了，佛很慈悲，第一、第二品還給我們提重點，因他對小乘說法，怕他們智慧不夠，只好明說了。

下面對大乘菩薩說法，他只說故事，要你懂。「知第一寂滅，以方便力故，雖示種種道，其實為佛乘。」成道與悟道的人，他怎麼說都對，由世第一法到涅槃寂滅境界，他悟到這個道了。所以佛說他在說法時，雖然介紹了各種的修行法門，有時說小乘，有時說大乘，其實都是方便而已。

所以佛在《涅槃經》上說，我說法四十九年，沒有說一個字。為什麼沒有說呢？因為「諸法從本來，常自寂滅相。」對那個形而上的本體而言，都是方便而已。所以雖然開示了種種法門，都是方便，所謂世間法，也就是佛法。

《法華經》這樣講，《維摩經》也是這樣講。所以《法華經》最後說，

「一切治生產業，皆與實相不相違背」，一切為生活做的事都是佛事。出家人注意啊！我不是偏向在家人講的。《法華經》上說：「一切治生產業，皆與實相不相違背。」這中間只有一個法門，並沒有在家、出家之別，也沒有出世、入世之別。

下次我們再繼續講。大家注意：這個課還是向見地、修證、行願的方向進行。現在還在講《法華經》見地、見性方面的資料，沒有說修證，以後會談到。

第五講

內容提要

《法華》和《莊子》的寓言

五千比丘離席

分段及變易生死

彈指八萬四千劫

〈序品〉——東方現瑞

〈比喻品〉——火宅三車

〈信解品〉

〈藥草喻品〉

〈化城喻品〉

我在閉關中，有朋友來信，我用王陽明的兩首詩代為作答：

見說新居止隔山　肩輿曉出暮堪還
知公久已藩籬散　何事深村尚閉關

乘興相尋涉萬山　扁舟亦後及門還
莫將身病為心病　可是無關卻有關

「莫將身病為心病，可是無關卻有關。」這兩句好極了，莫非你推辭，不想見我，有這麼一個責備的味道在裡頭。

我們這堂課，重點在講如何修證佛法，不是講佛學，也不是講普通的佛法，是講學佛修證的路線。我們的綱要已提出來了，就是——見、修、行，三位一體。我們可以拿這三個綱要讀一切佛經。工夫做不上路，是見地不對；見地不對，理不對，行願沒有到，功德沒有圓滿。換句話說，見地為什麼不到呢？是修證沒有到，行願沒有圓滿。行願為什麼沒有到？功德也沒有圓滿呢？因為見地、修證有問題。三位一體，不可分的。

以後，我們會花一點時間，修正打坐盤腿的姿勢。剛才我看見幾位坐在那裡，姿勢都有問題，外姿尚且不對，何況內在。

《法華》與《楞嚴》為禪宗的兩大經典，但我們今天講課並不限於禪宗，也用不著走禪宗的路線。我們學佛應選對修證有利的路子走，管他禪不禪，不要有門戶之見，不要認為禪是至高無上的，也不要以為有哪一個宗派是至高無上的。所謂宗派的分別，都是方法的分別，基本上仍是一樣。

《法華經》與《莊子》一樣，是講故事的。現在人認為，《莊子》專說一些無邊際的話，是一些幻想，這是錯誤的。所謂寓，就是寄，有寄託的。等於打丫頭罵小姐，是有對象的，不是亂講。最近百多年來，翻譯的西方兒童故事、小說，很多都是先由日本翻譯，再傳過來。比如哲學這名辭，也是日本翻譯過來的。如此一來，這些幻想小說，就借用了《莊子》的「寓言」，所以年輕同學先讀了《伊索寓言》，然後再看《莊子》，也是寓言，就認為與西方的幻想小說一樣，這也是因果顛倒了。

《法華經》是一個故事接著一個故事，幾乎找不出其他東西來。可是你要注意啊！這本經典自南北朝以來，影響中國文化非常鉅大。《神僧傳》《神尼傳》的這些高僧們，修法與《法華經》有密切的關係，與禪宗也大有關係。

《法華經》的〈序品第一〉，把最重要的擺在前面。佛這次講經不同了，又是放光，又是動地，高明的弟子知道，佛這次要說大法了。但是有五千比丘，過去也跟佛很久了，反而走了，不要聽，覺得佛今天說得不對，認為過去的才對。因為佛過去講的是斷惑證真，斷去煩惱、妄想，證得真如自性。這是小乘佛法，所謂四諦、十二因緣等等的法門，可以證得羅漢果。但是佛今天卻用另外不同的說法，因此這五千比丘、比丘尼就走了。換句話說，他們落於小乘道，走小路，只曉得空，還談不上妙有，不曉得緣起法門，佛經上稱為——焦芽敗種。芽燒焦了，種子不能發，結不成果。這五千弟子走時，佛默然，讓他們走，也沒說什麼。走了以後，佛說：「此眾無枝葉，唯有諸真實。」意思是，留下的這些人，是可以承擔大法的。

第一品——「東方現瑞」，這是我定的名稱。原始的翻譯叫〈序品〉（佛經稱品，普通書籍稱章）。例如：《金剛經》三十二品，是昭明太子將其按品分章。當佛經講一個法門時，有時提的是西方，比如講淨土宗，一定提西方；《法華經》講東方現瑞。這是什麼理由呢？又是一個話頭。什麼叫話頭？這就是話頭。

參話頭，大家不要搞錯了，以為是拿個小問題，在心裡嘀咕，一天到晚嘀咕，以為這樣叫參話頭，這樣是鬧笑話。佛經就是個大話頭，為什麼從東方現瑞？講到涅槃境界才是西方現瑞。喜歡研究《易經》的朋友，對這個方位的道理，要多注意，這是相關的，不是偶然的。

「是法住法位，世間相常住。」所以那五千比丘非退席不可，聽不下去。那些比丘專門出家修道，結果佛講真正的佛法就在世間，也不離出世間。世間與出世間無所不在。「是法住法位」合於道，本來在的。「世間相常住」永遠合於道，不一定出世才能夠成道。

《法華經・卷二・譬喻品第三》，舍利弗說偈言：

「世尊知我心，拔邪說涅槃，我悉除邪見，於空法得證，爾時心自謂，得至於滅度，而今乃自覺，非是實滅度。」首先舍利弗向佛說：我錯了，世尊曉得我的程度。當時我一切的邪念、妄念去得乾乾淨淨，以為這就是涅槃。小乘到這裡，的確是涅槃的最高境界。不要看不起小乘佛法，大乘佛法是要以小乘佛法為基礎。我們講修證，這個第一步沒做到，還是不行啊！舍利弗是到了這個境界以後，再求進步，所以認錯。

舍利弗說：我在修持的過程，完全停掉了邪念，達到了空的境界，「於空法得證。」我們常說四大皆空，只是理念上達到。你肚子餓時，明知四大皆空，何以還會覺得餓？冷起來，你說四大皆空，冷也空，不錯，理論上是「性冷真空，性空真冷」，但是不穿衣服，你就受不了，那是什麼理由？佛法不是光講理論。所以舍利弗報告說：當時我證到了那個空的境界，自己認為已經得道了，到了涅槃境界佛的果位。現在曉得錯了，這不是真的證入大涅槃。

大家從佛學的學理，曉得空也叫涅槃，是羅漢境界。做到了萬緣放下，一念不生，絕對空的境界，那個叫作「有餘依涅槃」，不是最高的果位。所謂果位，拿現在來講，就是效果、成果。為什麼叫作「有餘依」？那是說雖然做到萬緣放下，一念不生，但是那一個業力根源的念，為萬緣的種子依然還在，只是沒有爆發而已。碰到其他因緣的刺激，還是會爆發的，因為種子習氣都在。所以最高的羅漢境界，可以了分段生死，還不能完全超越變易生死。所以嚴格說，也不能了分段生死，只能夠在生死的過程上，請長假而已。可以歷經八萬四千大劫都在定境中，以我們來看，是八萬四千大劫，但在他本身而言，只是一彈指之間罷了。

這點不曉得你們有沒有經驗，定了幾個鐘頭，一出定覺得眼睛只閉了一下，以為只有兩三分鐘，事實上，幾個鐘頭過去了。所以時間是相對的，八萬四千大劫，也只在一彈指之間而已。

憨山大師三十歲的時候，同妙峰禪師上五台山住茅篷，當時見萬山冰雪，四周寂靜，正好修行。後來天暖冰消，澗水衝激，其聲如打雷一般。憨山大師在靜中聞聲，如千軍萬馬出兵之狀，感覺非常喧擾，就問妙師，師曰：「境自心生，非從外來。聞古人云：『三十年聞水聲不轉意根，當證觀音圓通。』」

於是他就自己一個人，到溪水的獨木橋上，天天去坐在上面。有一天，坐在橋上，忽然忘身，音聲也沒有了，從此以後才入流亡所，心所不動，覺得響聲沒有了，再也不為聲音所擾了。

可是有一次，在皈依弟子平陽太守「胡公」家裡，他說：「我休息一下。」就在床上一坐，一直坐了五天。家裡僕人叫不醒他，直到五天後，這個皈依弟子從外面回來，拿引磬一敲，憨山大師才出定，但不曉得自己在什麼地方。這又是個話頭——無記。不過稍過一會兒，他又知道自己在哪裡了。

憨山大師就在這個境界上。但是，這還不是究竟。所以他自己講：「荊棘林中下腳易，月明簾下轉身難」，這也就是走禪的路線，什麼是荊棘林，心裡頭亂七八糟，妄想多。像置身於荊棘林中，到處是刺人的荊棘，還不算太難。他說，心裡亂糟糟的，能夠把它一下放下了，當然很困難，但還不是最難。最難的是什麼？當你工夫到了一個程度，坐起來心裡頭覺得清清明明，空空洞洞的，往往就以為這個就是了，其實，落在小乘果。舍利弗所講的，就是這個境界。這時候要想轉過來，非常難，難得很。

我勸你們要常看《憨山大師年譜》，尤其是出家的同學，別人修持的經過，講得確確實實，可以啟發你們。當然人家學問好、佛學好、修持好，樣樣都好，無一不好。他除了註解儒家《大學》外，《中庸》《老子》《莊子》，也曾註解奇門遁甲、地理風水、陰陽八卦、算命等，無所不通。這麼一個和尚，難怪轟動當時。這一段同舍利弗所講的有關，所以才提出來講一講。

《法華經》的〈序品〉裡頭，有好多話頭要參。為什麼那些弟子們，還沒等佛開口，就曉得聽不下去了？可見那五千比丘並不簡單。他們一看情況不對了，認為自己走出世的路子，學空就好，不想再聽其他的了，也算是有先見之明。這是什麼理由？佛的這些話，都在五千比丘退席以後講的。

第三〈譬喻品〉，為了這次講課的方便，我把它定一個名稱——火宅三車之喻。三界如火宅，這個世界受大火煎熬，眾生在這裡生活，還自以為快樂得很。佛說這些眾生、兒子們，都不肯出火宅，只好想辦法說「有三車」。三車說是三乘道——聲聞、緣覺、菩薩道。像佛這樣一個老師，愛眾生如愛兒女，可是沒有一個兒女懂事聽話的。沒有辦法，只好騙，只好誘導。誘導眾生到那些車上去，總該不會車上有人打劫，把我們劫到地獄去，那就不得了啦，就很難辦啦！（眾笑）

「諸佛法藏，是諸眾生，皆是我子，等與大乘，不令有人，獨得滅度。」佛說，我愛一切眾生，如父母之愛子女，我不會只度某一個人。「等與大乘」，平等地給予大乘道，不會不管那些對我不好的人。好比一部大車子，不管好的、壞的，都要裝乘他們的。

「皆以如來滅度而滅度之。」問題來了，這句話是說，用佛的滅度法門，而實際得到佛同樣的涅槃境界。為什麼不說皆以世間滅度而滅度之？這是經過謹慎的抉擇用字。如來者，是佛的本體，就是都到達形而上那個法身的境界。

「是諸眾生，脫三界者，悉與諸佛禪定解脫等娛樂之具。」佛說，眾生們能解脫出三界（欲界、色界、無色界）火宅的話，我給這些孩子們什麼玩具呢？禪定、解脫等等。換言之，佛說的一切法門皆是方便，等於使孩子們先得到一個快樂的境界。所以禪定、解脫等並不是涅槃、菩提之果，只是加行法門而已。

「皆是一相一種，聖所稱歎，能生淨妙第一之樂。」最後最高的原則，都是「一相」，即如來實相；「一種」，即佛種。我這個法門，是過去、未來一切聖賢所稱讚的。雖然我把這些比喻為玩具，但是你不要搞錯，這玩具不是我們的，有些什麼功德？什麼效果？「能生淨妙第一之樂」，這是人世間第一法的快樂，清淨美妙，但卻不是究竟。

佛說：「一切眾生，皆是吾子。」我愛一切眾生，猶如愛我自己的兒子一樣。

「深著世樂，無有慧心。三界無安，猶如火宅。」一切眾生貪圖世間短暫而不真實的快樂，是沒有智慧的。因為人活在三界裡，猶如在火燒的房子裡煎熬，一天、一時、一秒，都在受煎熬。

「今此三界，皆是我有。其中眾生，悉是吾子，而今此處，多諸患難，唯我一人，能為救護。」話頭又來了，佛說無我，這裡又說有我；生下來即說有我——「天上天下，唯我獨尊。」涅槃的時候，他說平常所講的「無常、苦、空、無我」，是方便法；究竟的道理則是「常、樂、我、淨」。在《法華經》這裡，也提起「我」來，不過也是說法的方便。所以現在他說：三界都屬於我。這不是話頭嗎？什麼理由？第二句話是大慈悲，「其中眾生，悉是吾子。」佛說為什麼談這個法門？因為世上都是痛苦，這痛苦沒有人可以救，只有我可以救。這是什麼「我」？這是話頭，要注意！

他說：我曾說證到涅槃，證到了空，就可以了生死。我現在在法華會上，老實告訴你們，沒有這回事。什麼叫作滅？滅也不是，「是法住法位，世間相常住。」永恆的在這兒。這是什麼道理？這不是話頭嗎？這還是見地的範圍。現在還在清理見地，見地清理好以後，再開始講怎麼用功。

我們這一次採用的佛學經典，已向大家報告過了，希望大家自備。我們這次講課，是為了大家一生的修持。或者是作學問也好，講修持工夫也好，總之是非常重要的。

「離諸苦縛，名得解脫。」修小乘法有五個程序——戒、定、慧、解脫、解脫知見。本來學佛法為求解脫，為什麼求解脫呢？因為有痛苦，所以才求解脫。

「是人於何，而得解脫，但離虛妄，名為解脫。」離開了一切虛妄，便得解脫。問題來了，普通人以為虛妄就是妄念，認為把妄念去掉了就得解脫。《楞嚴經》明白告訴你，五陰皆是虛妄，都要脫離。所以大阿羅漢入涅槃時，灰身滅智。佛經上說，大阿羅漢要走時，灰身滅智，口吐三昧真火。就是自己放一把火，只見一片光一亮，身體就沒有了。這不是假的，真做得到。當然我們做不到，因為沒有修持。大阿羅漢能發起地水火風的功能，意念一動，可以發起任何功能，就是這樣自在，這是大阿羅漢的境界。

我們不要以為「虛妄」兩字是指妄念；我們的身心一切，乃至物理世界，都算是虛妄。「但離虛妄，名為解脫。」可是縱然到達這個解脫境界，也只叫作小乘極果。

「其實未得，一切解脫。」雖做到這樣，仍未完全解脫。禪宗裡記載一個公案，有個大禪師自認大澈大悟了，結果師父涅槃時，並沒有把衣鉢傳給他；反而把他的師弟從遠地叫回來，接受法位。他覺得不是味道，而師弟也知道，所以在師父火化的時候，把他叫來，鄭重的說：你以為你悟了對不對？現在如果我把你和師父一起化了，你們哪裡見面？師兄很不服氣說：你不相信我啊，你點一炷香來，香煙還沒燒完，我就走了。換句話，我要走就走，要來就來。師弟不理，一把火把師父燒了。這個師兄也跑去盤腿，準備自己也要走，表示他跟師父兩個可以見面。這叫作坐脫立亡。縱然到達這樣的程度，還是沒有悟啊！師弟走到他涅槃的身體旁邊，拍一巴掌說：師兄啊！「坐脫立亡則不無，先師意尚未夢見在。」你要走就走的工夫是有，但佛法的真正道理，你連夢都還沒夢到呢！

「佛說是人，未實滅度。」這種人，沒有真正達到涅槃之果。

「斯人未得，無上道故。」這種人，還沒有證得阿耨多羅三藐三菩提。

「我意不欲，令至滅度。」佛這句話妙了。他說為什麼這些人那麼笨呢？事實上，我不願意教他，太笨了。佛為什麼這麼小氣？他答覆得很怪。

「我為法王，於法自在。」我是法王，在三界中，我愛怎麼樣就怎麼樣。你說這成什麼話？真令人想起貪瞋癡慢來。其實不然，佛是大慈悲，這就好比臨濟棒，故意刺激大家，故意不教大家，看我們能不能自己反省，自己懺悔，能不能謙下。這是佛的教育法，但也是真話。

「安隱眾生，故現於世。」佛說我為了救度眾生，才到這個世間來，我豈有不肯教之理。我之所以不教，是因為你自己承受不了，因為你自己不是法器。

到這裡結束了，這又是一個話頭，你自己去參去，不過我已解釋過了。

第四品〈信解品〉，大家注意，光靠相信也可以得道；但必須是真正的信仰，不是迷信。信那個真理，也可以得道。這裡的代表是迦葉尊者，就是禪宗標榜的那個祖師爺，與舍利弗不同。

迦葉尊者，頭陀第一，出家人修苦行頭陀，是走戒律的路子。小乘的戒律有比丘戒、比丘尼戒，偏向於頭陀行，你們自己去研究。照頭陀行的規矩，我們坐在這裡是犯戒的，因為有貪圖享受的味道。頭陀不三宿空桑，恐怕留戀，有了牽掛的情感；著糞掃衣——垃圾堆裡頭撿來的破布，洗淨後做的衣服。

現在頭陀第一的迦葉尊者，起來報告了：

「我等內滅，自謂為足。唯了此事，更無餘事。我等若聞，淨佛國土，教化眾生，都無欣樂。」迦葉尊者直截明瞭的報告小乘的境界。他說我們跟佛學修持，到了「內滅」，打起坐來，裡面沒有妄想，一念不生，這就是道了。滅是滅掉一切煩惱，以為到此就是究竟，認為自己已經到家了，其他就不管了。至於淨佛國土的大乘境界——注意！一個三千大千世界，叫作一個佛國土，不是教化一百人、一千人，而是要教化三千大千世界所有眾生，皆歸極樂淨土，這個叫作淨佛國土，大乘菩薩走的是這個路子。多難！我前幾次講課就覺得自己多事，何苦來哉！但跟淨佛國土比，這一點點多事又算什麼！迦葉尊者等一聽大乘道，要淨佛國土教化眾生，唉！免了，我一點都不高興，那個事不幹。

「所以者何？一切諸法，皆悉空寂，無生無滅，無大無小，無漏無為，如是思惟，不生喜樂。」他講的沒錯，是你老人家教的嘛！世界上一切無常、苦、空、無我，本來不生不滅，本來不大不小，本來無漏無為。既然如此，何必去度眾生？這樣一來不就又有為了嗎？

我講課是對佛法，不是對人的。當年有個學生問我：你學禪嘛！為什麼要辦個東西精華協會？我問他：那你認為學禪要怎麼樣才對？他說要像寒山一樣。寒山標榜的是另一個型態，佛學叫作示法。寒山大師的詩：

閒自訪高僧　煙山萬萬層
師親指歸路　月掛一輪燈

寒山的詩我熟得很，同《紅樓夢》一樣熟。我提寒山就想到《紅樓夢》，為什麼？話頭。我向同學笑笑，不想說了。這種人如同五千比丘退席一類，我懶得跟這種笨人談。

「我等長夜，於佛智慧，無貪無著，無復志願，而自於法，謂是究竟。」迦葉尊者自責，自己在佛法智慧上不求進步，如同在夜裡摸黑一般，自以為在佛法上已達究竟。這是他懺悔的話。

「我等長夜，修習空法，得脫三界，苦惱之患，住最後身，有餘涅槃。」他說我們真是小器，如同在長夜漫漫中摸索，以為達到了空的境界，達到了究竟，自認為跳出三界外，不在五行中就行了。但要注意啊！迦葉尊者有資格講這個話，我們只懂佛學，而沒有真正修持用功的人，沒有說這個話的資格。迦葉尊者作到了「最後身」，這個肉身在分段生死中不來了，走入變易生死的範圍。

什麼叫變易生死？化身境界。但不是佛的化身。羅漢境界是「住最後身」，要走的時候都說同樣的幾句話，我看了很痛快：「長揖世間，我生已盡，所作已辦，梵行已立，不受後有。」所謂立德、立功、立言、立名都有了。但這是小乘極果，非究竟涅槃，是有餘依涅槃。

為什麼這段話叫〈信解品〉？什麼是聲聞？是自己沒有悟，全靠老師教化的。我們都是聲聞。講法講了半天，都是佛的成果。真正信佛法是信這個。接著還有：

「佛亦如是，現希有事，知樂小者，以方便力，調伏其心，乃教大智。我等今日，得未曾有。非先所望，而今自得，如彼窮子，得無量寶。」

這裡有個典故，上面迦葉尊者對釋迦牟尼佛的懺悔。「現希有事，知樂小者，以方便力，調伏其心。」很難得希有的事情，佛作了。知道那些人愛小乘，愛走小路，沒有辦法，先用一個方便，拿塊糖給我們舔舔。現在你又打我們耳光，說我們錯了。「乃教大智」，要學大智慧的成就。「我等今日，得未曾有，非先所望，而今自得。」現在我們懂了，高興極了，意外得到的，不是先前所企望的。以為你的口袋都掏光了，沒想到還有一點。要注意啊！佛已經掏給我們了，但要怎麼拿到呢？法寶不在佛那裡，我這裡都有。「乾坤之內，宇宙之間，中有一寶，祕在形山」。「如彼窮子，得無量寶。」就像窮光蛋，無意中發了大財，這下子不知多麼高興。

《法華經》這幾段都是話頭。兩個鼎鼎大名的大弟子，是這部經典的請法之主，請求說出這部大法。一個是智慧第一，一個是頭陀第一，兩個都已達到小乘極果的境界。

但舍利弗尊者那一品，同迦葉尊者這一品，名稱不同。〈信解品〉是相信這個就是，要信得過。為什麼這樣安排？是個大問題。我先露一點給大家，佛認為大乘的路子，還是以小乘為主，性空以後再談緣起，你這一步還沒有做到，免談下文。

跟著是卷三第五品〈藥草喻品〉，這一品很妙，佛說：我的說法像下雨一樣；大地山河上面這些草木都是藥。這個問題好大啊！在《指月錄・卷二》，記載了有關藥草的故事：

「文殊菩薩一日令善財採藥曰：是藥者採將來。善財徧觀大地，無不是藥。卻來白曰：無有不是藥者。殊曰：是藥者採將來。善財遂於地上拈一莖草，度與文殊。殊接得示眾曰：此藥能殺人，亦能活人。」文殊菩薩叫善財童子去採藥，善財童子就蹲到地上，抓起一根草給師父。這是什麼？他說：大地草木哪一樣不是藥？

佛在這個〈藥草喻品〉提醒我們，人的身體是肉做的，不是鐵打的，不吃藥不行，一身都是病。很多人說：既然修行，病要靠工夫趕掉。可以啊！幾十年工夫才去得掉病，這幾十年不是修道，是修病，划得來嗎？所以，非要重藥不可，這是有形的藥，無形的藥到處都是，百千法門都是藥。

這一品講完了，突然來一個〈授記品〉，佛一個個授記，大送人情。他把小乘諸大弟子都叫來，摸摸這個的頭說：你啊！幾百幾百年以後成佛，叫什麼什麼佛；你啊！幾百幾百劫以後成佛……結果個個都成佛，大家從來都沒有想到，自己還會成佛。這是玩什麼花樣？這為小乘眾授記，卻沒露一手給大乘菩薩。這是什麼意思？又是一個大話頭。

到這裡為止，這部經典就是這樣，熱鬧得很，半句佛法也沒有講，不像

《楞嚴經》，也不像《華嚴經》，也不像唯識的經典有邏輯。《法華經》沒有講道理，就那麼授記了一大堆，你說怎麼看得下去嘛！這是小乘的部分，到這裡為止了。小乘的部分講完了以後，就開始授記。這裡頭存在一個大話頭。

然後另一幕開始了——〈化城喻品〉。變化出來一個城市，一個非常妙的化城。這是大乘的路子，化城的主角叫大通智勝佛。這個佛來頭很大，他有十六個王子，都成了佛。阿彌陀佛也是他的王子，釋迦牟尼佛是最小的王子，第十六子。大通智勝佛原來是國王，後來出家，帶了十六個王子都出家，後來都成佛。

人做到像大通智勝佛一樣，這個人就做絕了，怎麼說呢？世間法，身為國王，福祿壽禧樣樣皆有，十六個王子個個好，世間法的福報享到不要享；出家，又個個都成佛，我看他的八字要算成十字才對。

這是佛在《法華經‧卷三‧化城喻品第七》說的故事，把我們帶到許多億劫以前。佛說我在這個老王之下，「於娑婆國土成阿耨多羅三藐三菩提」是註定的，這是什麼理由？這是講宿因，三世因果。

「我滅度後，復有弟子不聞是經，不知不覺菩薩所行。」我將來涅槃以後，有些弟子不相信這部經典，也不知道這個法本，真正叫作大乘菩薩道的行願，應該怎麼做，一概都不知道。「不知不覺菩薩所行」，這句話很嚴重，不要認為我們研究了很多經典，看了許多大乘經典，就懂得菩薩行。事實上，是大有問題的，將來我們談到行願的時候，要大加討論。

「自於所得功德生滅度想，當入涅槃。」他說將來我滅度以後，有些弟子不懂，而且又傲慢，認為所得到的一點小功德，就可以證得涅槃，那就錯了，如達摩祖師講梁武帝的「人天小果，有漏之因。」布施了萬把塊錢，以為自己做了功德，其實是小之又小的事。

「我於餘國作佛，更有異名。」我在這個世界滅度以後，到了他方國土，仍在那裡成佛，當然不叫釋迦牟尼佛，有別的名字。（這些名字在《華嚴經》上曾提到過釋迦牟尼佛，在上方世界叫什麼；在另一處又叫什麼……多得不可思議。）所以，你不要以為涅槃就是沒有了。

「是人雖生滅度之想，入於涅槃，而於彼土求佛智慧，得聞是經。」我的弟子們如果懂得了這個道理，證得了涅槃，離開這個世界後，往生到他方國土去，可在那裡求大乘道，還有機會再聽到《法華經》的道理。

這段故事完了，佛提出一個大問題來了，在禪宗裡頭也常提到的，釋迦牟尼佛講他當年的父親——大通智勝佛，在那裡打坐學禪。

「大通智勝佛，十劫坐道場，佛法不現前，不得成佛道。」大通智勝佛修行好苦啊！坐在那裡入定，不是一兩天，而是十小劫，這個工夫還得了！坐在那裡不動，修證工夫和定力到達這個境界，仍不算悟道。菩提沒有顯現，沒有證悟，不得成佛道。

佛法不離定，更不離打坐。不過打坐入定許多劫，也不一定有用。這是《法華經》上有名的一首偈。年輕的同學們，不要隨便學不倒褡，光坐在那裡有什麼用？不倒褡有什麼用？佛法不現前，就不能成佛道。要注意，不能隨便搞，把身體搞壞了，雖然大地都是藥，可是你不會用，那就更糟了。

第六講

內容提要

《法華》與寒山

衣中寶

少欲及無欲

佛法與皇帝

永恆不變存在的真理

大醫王

多寶如來和張商英

龍女成佛

上次偶然提到寒山大師，因為寒山同《法華經》與天台宗，都有密切的關係。現在寒山詩非常流行，有人考證他有個哥哥，有個嫂嫂，因為嫂嫂對他不好，逼得他只好出家。聽說是從他的詩裡考據出來的，但寒山詩裡講到過老婆，難道他又討了個老婆？這些說法無從理喻，只好付之一笑。

《法華經》上說五千比丘退席，他們願走小乘的路線，這些比丘走的就是寒山拾得的路子。但是這其中有一個問題，大乘菩薩有時化身在小乘比丘中，也就是說，小乘的比丘眾中，就有大乘菩薩的化身。可是，這些是無法考據的。

中國的詩，不但是出家人的詩，在家人的詩也往往帶些佛法，因為凡是詩詞之學，照佛學來講，都有一點慧業種性，悲嘆無常，感嘆世間一切都靠不住。失戀了，是愛情的無常，所以有《茶花女》《紅樓夢》等名著。寒山大師的詩，在悲嘆無常方面特別多，走的是小乘路線。我們只看到他的詩美，沒有看到他的「行」，我幫你們找出來：昔日，寒山問拾得曰：「世間謗我、欺我、辱我、笑我、輕我、賤我、厭我、騙我，如何處治乎？」拾得云：「只是忍他、讓他、由他、避他、耐他、敬他、不要理他。再待幾年，你且看他。」這就是寒山、拾得的了不起。

寒山云：「還有什麼訣可以躲得？」拾得就用彌勒菩薩偈回答：

老拙穿破襖　淡飯腹中飽　補破好遮寒　萬事隨緣了
有人罵老拙　老拙只說好　有人打老拙　老拙自睡倒
涕唾在面上　隨他自乾了　我也省力氣　他也無煩惱
者樣波羅蜜　便是妙中寶　若知者消息　何愁道不了

寒山的行持，雖說是小乘的風範，我們做得到嗎？所以只有頂禮膜拜的分。這是走絕對小乘的路子，你們自己去研究。

上次提到「大通智勝佛，十劫坐道場，佛法不現前，不得成佛道。」釋迦牟尼佛跟我們說一個故事，他說大通智勝佛，工夫那麼好，在道場——不一定是在禪堂，或天台宗的觀堂，只要我們坐在那裡，一念清淨，就是道場。什麼叫「佛法不現前」呢？什麼叫現前佛法呢？這值得注意，話頭來了——廣義的說，話頭就是問題，你不要把話頭就當作「狗子有佛性也無？」這是小話頭。這裡現前的佛法才是大問題、話頭。

佛說：我愛一切眾生，就同愛我的兒子一樣，等於當年大通智勝佛愛他的十六個王子一般。但是孩子們不聽話，自己家裡有錢，卻不要，只在外面亂跑。父親只好在每個孩子的衣服裡頭，縫了一顆寶珠，等窮得沒飯吃時，自己發現了，也就發財了，這是父親的慈愛。

迦葉尊者說：您大慈大悲，把寶貝塞在我們的衣服裡頭，我們卻愚蠢得不知道。這就是中國文化有名的典故「貧子衣中珠」的來源。每個人都有財富，自己不曉得，所以變成窮人，這又是個話頭。

什麼是我們的衣服呢？我們的肉體，媽媽所生，就是我們的衣服。這是一個假房子，裡頭有寶貝。「衣中珠」怎麼找？《法華經‧卷四‧五百弟子授記品第八》告訴你——「內祕菩薩行」。中國道家講「借假修真」。沒有這件衣服，就沒有辦法找出真的。這一個東西是「內祕」，內祕之行，「內祕菩薩行」，祕中之祕，在自己內心找。

「外現是聲聞」，聲聞眾菩薩常常以出家相示現。聲聞眾的心行是「少欲厭生死」。大乘八地以上的菩薩，或到了佛的境界，才能夠澈底做到絕對無欲。「少欲知足」是頭陀行。所以大家對出家修聲聞乘的修道人，不要過分要求。「少欲」已經很難了，「知足」更不容易。「少欲知足」是聲聞眾戒行之一。聲聞眾生是「厭離生死」，菩薩眾則是「不畏生死」。所以，「少欲厭生死」是聲聞眾、羅漢境界，如寒山大師等人行徑的極果。

「實自淨佛土」，釋迦牟尼佛所在的這個娑婆世界，是凡聖同居，有淨，有垢。但佛說：我這裡就是佛土。為什麼必須先由「少欲厭生死」去專心修證，才能達到淨佛國土呢？這就是內祕之行，這個內祕是什麼祕？又是一個話頭。

貧子衣中珠的典故，在中國文化的文學及學術史上，佔很重要的地位，常常可以讀到。比如李後主死了兒子，就引用到這個典故：

永念難消釋　孤懷痛自嗟
雨深秋寂寞　愁劇病增加
咽絕風前思　昏矇眼上花
空王應念我　貧子正迷家

這首詩是他亡國以前寫的。李後主的佛學學得很好啊！佛學全通，和梁武帝一樣，但政治搞不好，這是中國文化上一個重要問題。你們要注意，佛學是佛學，為政是為政。

文學同修證的事相，有莫大的關係。說到見地、修證、行願，世法與出世法都一樣。後世禪宗興盛以後，要評論一個人，先從「器識」看。器就是器量，識就是遠見。任何事情沒有遠見，就沒有偉大的作為。器與識兩者之間，有密切的關聯。器就是行願，識就是見地。李後主這首詩很好，但是不像皇帝，像酸溜溜文人的詩。

唐太宗的後代，有好幾個當過和尚。唐宣宗未即位以前，就作過小沙彌，因為武宗要謀害他，他只好溜入空門。歷史上的皇帝謚號叫宣的，都很了不起，像周宣王、漢宣帝、唐宣宗等。

唐宣宗參禪是參通了的，黃檗禪師知道他是皇家的宗室，不過，當他有什麼不對的時候，還是照樣給他一棒。兩人有這樣的因緣。有一次，兩人同去遊山玩水，到了一個瀑布旁邊，宣宗說：我們倆來作詩吧！你先作前兩句，我接後兩句。黃檗就作了：

千岩萬壑不辭勞　遠看方知出處高

人作詩時，無意中把自己的見地吐出來了，黃檗後來就是一代大禪師。唐宣宗怎麼接呢？他說：

溪澗豈能留得住　終歸大海作波濤

黃檗立刻給他一掌，去你的！小和尚，你當不成佛了。宣宗接的這兩句，是皇帝氣派，他也在無意中流露出來。這個光頭是暫時剃的，留不住我的，我會「終歸大海作波濤」。唐宣宗當時還有別的好詩呢！「日月都從肩上過，山河盡向掌中看」，描寫他參禪所悟到的境界，也是後來作皇帝的氣派。現在轉回來講《法華經》。

貧子衣中珠的故事結束了，佛並沒有告訴你衣中珠怎麼找，這是「內祕菩薩行」。注意！父母給我們放了一顆寶珠在身上，你找不到，活該！父親呢？過世了，他老人家不管你了。你把秩序這樣一看，就發現《法華經》的編排非常精彩。

《法華經・卷四・授學無學人記品第九》：「學」，就是修學戒定慧，譬如初果、二果、三果羅漢都還在學習階段，如當時的阿難等。到了四果羅漢，功行圓滿了，得果位，就叫「無學」。佛把有學和無學的弟子，一起都叫到面前來，一概授記，並且說：「正法與像法，悉等無有異。」佛法是真理，永恆存在於這個世界。佛說將來我過世以後，就沒有正法，那只是方便說而已，那是不了義教。了義教的說法，沒有什麼正法、像法、末法時代。真理是永恆不變存在的，但要大家自己去找出來。所以「無學」的成佛，「有學」的也成佛。

接著講〈法師品第十〉，凡是宣揚《法華經》的正法者，都是大法師。「一切治生產業，皆與實相不相違背。」這是大乘的根本。緊接著佛說：法師是這世上的大藥。這又是個話頭。依教理解釋，佛為大醫王，能醫眾生病。不錯！心病能醫，但生理的病能不能醫呢？顯教釋迦牟尼佛不談這個，他自己幾次示病，表示生病了。比如涅槃時，表示因年輕時在雪山苦行，受了風寒，風濕發出來了，得了背痛而涅槃。他死了，已經躺在棺材裡頭了，但還能把腳露出來給你看看呢！

你說他不死可以嗎？可以！可惜當時阿難沒有留他。他死以前問阿難（他以阿難為代表）：我的時間快要到了，不過我也有辦法永遠活在這個世界，留形住世，你看我怎樣比較好？阿難悶聲不響，失念，他悶住了。過一陣，佛又問阿難：我的時間要到了，你看留形住世怎麼樣？如此，三次問阿難，他都啞然不語。於是佛宣佈了：某一天涅槃。這時阿難卻哇啦哇啦哭了起來。佛說：我問過你三次，魔障了你的心竅，你一次也不回答。佛為什麼要涅槃？「佛種從緣起」，這個緣不對了。佛說：算了！緣過了，只好走了。

佛雖走了，他的四個大弟子倒留形住世了。第一個是迦葉尊者。第二個是賓頭盧尊者。現在要請賓頭盧尊者，他還是會來的，不過他走後你才會知道。說不定我們這裡他也來了呢！佛的公子羅睺羅是第三個。另一個則是君屠鉢歎。他們都是受佛的遺囑吩咐而住世的，他們在這個娑婆世界，以各種不同的身份、形態來教化。

為什麼講到這裡呢？因為這個與藥王菩薩有關係，但是這部經典找不出這個道理。所以這部經典看起來沒有什麼，卻問題重重，都是話頭。

佛告訴你，藥在哪裡：

「若欲住佛道，成就自然智，常當勤供養，受持法華者。」若想住持——荷擔如來大法，要成就根本智，那本有的是自然而來，不是任何人給你的，是人人都具有的。每個人本身都有，要把它找出來，要「成就自然智」。要如何成就呢？常常要供養受持法華法門者。又是法華——花。釋迦牟尼佛為何拈花？迦葉尊者為何微笑？重要的經典處處講到花，這是什麼道理？

這一品結束後，《法華經》的重點來了，是有名的〈見寶塔品〉。塔就是墳墓，也就是寶庫。佛在說法時，地上湧出一個寶塔，坐了一個佛，是過去很早以前，塵點劫前成佛的（「塵點」兩個字，在數學上是最初的數字，在零以前那一點，一陽來復之初）。這個佛叫多寶如來。

多寶如來向釋迦牟尼佛招招手，門忽然開了，叫釋迦牟尼佛進來，分半座給他坐。這也是很大的一個問題啊！兩個都是佛，所以分半座。然後，他方菩薩從各處都來了。這個故事如果光講學理，可當成一個比方，但真講修證，則確有其事。

多寶如來可說是化身佛、報身佛，也可說是法身佛；也可說釋迦牟尼佛就是他的化身佛。法、報、化三身合一。修持走禪宗路線的人，充其量，得一個法身境界而已。我可以大膽說一句，能夠三身成就的，禪宗那麼多人，一兩千年來，沒有幾個。因為學禪容易入小乘境界，只得一點法身清淨就跑掉的人，蠻多的，舍利弗就是如此。可是現在能如達摩祖師遺言所講的：「說理者多，行證者少。」就不錯了，後世連這個說理的也沒有了。如果我們真正要學佛法，這一品要特別注意。

我再講一個故事，宋朝宰相張商英學佛、為政、又悟道。當張商英病重臨走時，告訴兒子及女婿：我告訴你們，《法華經》上所講，地上湧出多寶如來寶塔，多寶如來分半座給釋迦牟尼佛坐，確有其事，不是學理上的。講完後，把枕頭一丟，兩腿一伸走了。本來他生病躺在床上，但他要走的時候，不想躺著走，所以把枕頭隨便一丟，打在窗上，空中響一聲大雷，他就走了。由他臨終囑咐家人的話，證明他的公子及女婿，也都在參禪。

所謂從地湧出，這個「地」就是心地法門真正達到某種境界時，真空生妙有，自然湧出的事物，這才叫成就，修成無縫之塔，也就是《華嚴經》的彌勒樓閣。寶塔是沒有門的，也就是《楞伽經》所講的無門為法門，並不是說理。

打坐時，達到念頭平靜，清清淨淨，那不過是第六意識境界初步的初步而已，心地法門還沒有摸到。唐朝貫休和尚的兩句詩：「修行不到無心地，萬種千般逐水流。」又想到杜荀鶴的一首詩，我不是教大家學詩啊！詩裡頭，就是禪，也就是佛法，講修證，這就是鞭子。杜荀鶴生在唐末五代的亂世，他的詩說：

利門名路兩無憑　百歲風前短焰燈
只恐為僧心不了　為僧得了盡輸僧

大家要注意，真正的修持需要真切的反省，名與利可不容易除去；我說得太客氣了，不是不易去，是去不掉啊！真除去了這個名與利，修行的「行」字才有一點像樣，這一點沒有去，不像樣，不像樣！

這時進入了第十二品，〈提婆達多品〉，多寶如來分半座給釋迦牟尼佛後，熱鬧了，各方的菩薩都來了。東方國土的佛也來了，這國土的首座弟子叫智積菩薩，意思是智慧的累積。釋迦牟尼佛的首座弟子，是文殊師利菩薩，智慧第一。智積菩薩一到這娑婆世界，看到這裡慘兮兮的，正是未開化地區，非常落後，就告訴他的佛：我們回去吧！東方的佛說：慢點！你還沒有看到清淨面，沒有看到他們的淨土。

這時，文殊師利菩薩從龍宮出來，兩邊菩薩一看，果然相貌不凡。智積菩薩便問：「頗有眾生，勤加精進，修行此經速得佛否？」他說：你們這個娑婆世界多苦惱啊，這裡的眾生好度嗎？言下之意，這裡的眾生一定是很難度的。

文殊師利代表發言：我剛從龍宮回來，龍王有個公主，「年始八歲，智慧利根」，注意這句！「善知眾生諸根行業。」她知道眾生起心動念，每個眾生的生生世世行為，她也能知道。已「得陀羅尼」，已得總持的法門，就是抓住大要點了。

「諸佛所說甚深祕藏，悉能受持。」這是指智慧方面的成就。至於工夫方面：「深入禪定，了達諸法，於剎那頃發菩提心，得不退轉。」她當時就頓悟了，到達第八地不退轉地菩薩。「辯才無礙，慈念眾生猶如赤子。」這是菩薩境界的慈悲。「功德具足，心念口演，微妙廣大，慈悲仁讓，志意和雅，能至菩提。」

為什麼我把這段摘錄下來？為了讓你們多一個學佛的榜樣，因為每一句話，都包含了見地、修證、行願在內。

結果智積菩薩不相信，因為根據佛法，沒有女性成佛的。女人五漏之身，「猶有五障：一者不得作梵天王、二者帝釋、三者魔王、四者轉輪聖王、五者佛身。」於是文殊菩薩叫那個徒弟龍女：孩子，乖乖，你過來。龍女見過多寶如來、釋迦牟尼佛後，獻出了她最寶貴的一顆寶珠。中國文化中有句「驪龍之珠」的說法，據說龍的項下有顆寶珠，那是她的命根，是她的生命，修煉的精華，她將這無價之寶捨掉了，供養這兩位佛。釋迦牟尼佛趕快就收下了，別人的供養他還會考慮要不要呢！龍女對智積菩薩說：「深達罪福相，徧照於十方。」意思說，一切人的罪相、福相、善相、惡相，各種心性狀況，都看得清清楚楚。智力慧見徧照於十方。

「微妙淨法身，具相三十二。」每個人的本性都有三十二相，八十種好，每個人都是佛，本來就是佛，你卻沒有找出這個關鍵來，這裡還會有男女相的差別嗎？

「以八十種好，用莊嚴法身。」在《法華經》中，三十二相、八十種好，是法身的相，不是報身。換句話說，龍女批駁智積菩薩著了相。

「天人所戴仰，龍神咸恭敬，一切眾生類，無不宗奉者。又聞成菩提，唯佛當證知。」就是說，成不成菩提你怎麼懂？只有成了菩提，悟道的人彼此才會懂。

「我闡大乘教，度脫苦眾生。」她說：我有這個功德，我就是佛。於是佛就為她授記，等她講完，珠寶一放，她馬上到南方無垢世界，現身成佛。為何不在東方、西方或北方？為何一定要在南方？因為南方是光明清淨的世界。佛法的方位數字，與《易經》的方位數字，都是很奇妙的。大通智勝佛有十六個王子，不是十五個，也不是十四個，龍女呢？八歲成佛，二八

——十六，功德才圓滿。

龍女獻寶珠又是一個大話頭，這一段完了，《法華經》的重點也結束了。我們現在只是先講資料，以後再慢慢討論。最重要的重點，是地上湧出多寶如來的寶塔，無始無終，永恆存在。再來就是文殊師利引出來的龍女獻珠，立地成佛的頓悟法門，沒有說女性不能成佛。真正的一乘佛法，並沒有男女老幼的分別。龍女八歲成佛的典故，就是出在這裡，《華嚴經》也提到過。

接著是〈勸持品第十三〉。〈安樂行品第十四〉。在〈安樂行品〉中，文殊菩薩為請法之主。〈從地踊出品第十五〉，是釋迦牟尼佛為消除他方菩薩的誤解，以為娑婆世界無淨土，而指示大菩薩們裂地踊出，偏滿虛空，把他方菩薩看呆了。原來釋迦牟尼佛已在娑婆世界，教化出那麼多的菩薩來。從地踴出，但不是這個土地哦！是心地，個個都是佛。

兩方的菩薩見面，佛與佛見面，都有兩句問訊話：「世尊！少病少惱，安樂行不？」你說佛沒有煩惱！其實，教化教得他煩死了，這不是我講的，佛經上都有記載，釋迦牟尼佛煩得都想逃。有一次，釋迦牟尼佛溜到山裡頭，結果碰到一頭大象王，後面帶了五百隻大象，象集在一起，專愛打架，吵得不得了，象王也煩死了，也溜走了，兩個碰了頭，釋迦牟尼佛摸摸象王的頭說：此時我同你的心情是一樣的，煩死了，後面跟著一堆。

所以，不要以為成了佛就沒有煩惱。報身在這裡，還是受這世界許多牽累。

「安樂行不？」是說幸福吧？平安吧？

「所應度者，受教易不？」你所教化的，聽不聽話呢？

「不令世尊，生疲倦耶？」你不至於因為教化，而厭倦了吧？這都是經驗之談。孔子能誨人不倦，確實稱得上是位聖人。教化人常教得煩死了，連自己都不想活了，就如辛稼軒的詩：「此身遺世真容易，欲世相忘卻大難。」這也是人生的一種魔境。

下面跟著〈如來壽量品〉……等等，乃至觀世音菩薩的〈普門品〉，都是《法華經》的附屬文章，大家自己研究，我們討論《法華經》就到此為止。

第七講

內容提要

十念法門

安般、止觀、煉氣

〈安般品第十七〉

正意、正身、正言

出息入息

氣與兩腿

羅雲念安般

今天我們講事相的重要部分，是小乘經典的《增壹阿含經》。採用這一部經典的原因很多，重要的一點就是：隋唐以前，出家在家修持證果的人非常多，尤其是出家方面，在《神僧傳》《神尼傳》中，都可以看到。而那時禪宗及密宗，都還沒有傳到中國來。依據佛最初的說法，小乘經典的《四阿含經》，就是現在佛學所講的南傳佛教。

《增壹阿含經》是《四阿含經》中的一部分，在兩晉年間傳入中國，是中印學術文化最熱鬧的時候。當時佛教在中國，正萌芽燦爛，與中國三玄之學的《易經》《老子》《莊子》互相融合。在政治上，南北朝是最混亂的時期，但在學術史上，則是最特殊的轉變期，先後持續兩三百年之久。

當時出家學佛修成證果的人很多，並沒有人特別講究奇經八脈之類的事，不過有神通的人很多。如大家都知道的佛圖澄，晚上看經時，把塞胸口一個肉洞的棉花拿出來，自然就從自身放出光明來了。有時覺得胃吃得太髒了，就到河邊，把胃拉出來洗一洗，洗乾淨又放回去。杯度和尚要過江，把楊柳枝丟在河裡，踏著就過去了。但那時的修持，差不多都走《阿含經》路線，走的是「念」的路子，以八正道來說，即是正念。

《阿含經》有十念法門。什麼叫念呢？就是對於心靈的一種訓練方法，訓練自己的心靈，採用「念」的方法。

十念是「念佛、念法、念僧、念戒、念施、念天、念休息、念安般」——「念安般」也有人稱「念安那般那」，就是念呼吸與息，也就是現在密宗、道家的煉氣法。中國道家講氣脈，都是受安那般那的影響。接著是「念身」，最後一個是「念死」。這十念包括了一切修持的方法。大乘佛法是以小乘為基礎，小乘做不到，免談大乘。

「聞如是，一時佛在舍衛國祇樹給孤獨園。爾時世尊告諸比丘：當修行一法，當廣布一法。已修行一法，便有名譽，成大果報，諸善普至。」只要一個方法做得好，修行就對了，一切的善也都成功了。「得甘露味」，是得無上佛法的法味。「至無為處，便成神通。」心無所住之後，日久功深，真空自然生妙有，神通就來了，不騙你的啊！「除諸亂想，逮沙門果，自致涅槃。」一切妄念都去了，羅漢的果位就達到了。自此一路下去，自然就到了涅槃的果位。「云何為一法？所謂念佛。」這一法，就是講念佛的法門。

這幾句是公式話，差不多十個法門之中，每個都有這幾句。我們學佛看不起小乘經典，又不作研究，這是不對的。現在的人都說：唉呀！我是走大乘路子，不談神通。少吹牛了！每個人都喜歡神通，而且喜歡假神通。絕對不理會神通的人，差不多可以頓悟了，那是有大菩薩見地的人。其餘哪個不喜歡神通？嘴裡說不喜歡，心裡可不是那麼一回事。我們要嚴格的反省，既然好神通，那該如何求呢？要想得果位，佛告訴你只要一門深入，好好修持，都可以得到果位。

第一個法門是「念佛」。不是後世的念佛啊！後世的念佛法門，是由慧遠法師所創，根據大乘經典的《無量壽經》《觀無量壽經》《阿彌陀經》等淨土三經而來的。而這個十念中的「念佛」，可不是念阿彌陀佛啊！留給你們自己去研究。

第二個法門是「念法」。小乘的基礎，告訴我們人生「無常、苦、空、無我。」這就是法。先要了解清楚。小乘經典告訴我們：「諸行無常，是生滅法，生滅滅已，寂滅為樂。」這是法。人生八苦、十二因緣、三十七道品，這些都是法。

什麼叫「念法」？就是你專心用這些道理來體會人生，以及身心變化的種種。但我們儘管研究佛學，打起坐來，並沒有把佛學的道理，跟打坐用功合在一起，我說得對不對，看經時，唔！很有領悟，打起坐來還是坐在那裡哼啊哈的，這裡氣動，那裡氣不動的。佛法並沒有叫你搞氣脈，佛法是叫你窮理，正思惟，不是不可以思想啊！絕對可以思想，佛法的理，就是正思惟，正思惟就可得禪定。

第三個「念僧」。別以為是念和尚啊，那怎麼能算是念僧呢？「念僧」是至心皈依聖賢僧眾，一切聖賢僧，就是沙門，證道的果位上人。

第四個「念施」。什麼是念布施？禪宗所講：「放下！」就是內布施，什麼都放下了，把心中雜念妄想都布施掉，這樣也可以到家，可以得神通啊！這是佛告訴你的，是修法的大原則。更擴而充之，心心念念反省自己的過錯，把不好的心行統統去掉，起心動念一點錯誤都沒有，這就是「念施」。

第五個「念天」。天有什麼可念的？釋迦牟尼佛承認有天主的，甚至介紹了欲界、色界、無色界等二十八天。你們不要小看了天道，工夫、善行不到，還不容易升天呢！佛也承認有神仙，可以活到幾萬歲。怎麼煉成的？《楞嚴經》也告訴你了。佛並沒有說他們不對，只是說他們還沒有得正覺。因為他們沒有悟到本體，如果他們得了菩提正覺，就不叫外道了。人沒有善行的話，隨便你有什麼工夫也進不了天堂。佛對天道說得很詳細，譬如欲界天有多少天——當然並不在地球上，而是在另外一個星球。人死後想往生這個天道，還真不容易呢！至於人如何升到色界天道中去，除積善累德之外，還要靠禪定的工夫。四禪八定做不到，是升不了天道的。我們修行了半天，初禪都沒有到達，來生能再得一個人身都不容易。《楞嚴經》裡已經告訴你，如何修定升到六欲天。

第六個「念休息」。這可不是光睡覺，而是萬緣放下。實際上真得休息就是禪定。真得休息，可以證果。為什麼？《楞嚴經》也告訴你八個字：「狂性自歇，歇即菩提」。中國話「歇」就是休息。大休息就可以證菩提。我們睡覺是假休息，身心皆空，萬緣放下，才是真休息。身也休息，心也休息，空也休息，把空的境界都休息掉了，那才叫大休息。所謂「念休息」，是要你行、住、坐、臥，隨時隨地，念念放下。

第七個「念戒」。這節另外專題再講。

第八個「念安般」。安般也叫安般守意。這個要注意了！非常重要。念安般就是念出息、入息，修持氣息。後來天台宗的止觀，講究出入息的方法，也就是從安般守意來的。安般守意不是釋迦牟尼佛創的，印度的婆羅門教、瑜珈術裡早都有了，只不過佛用佛學的方法，將它與般若觀行融會在一起。傳到中國以後，又跟道家打成一片，守竅、煉氣都與它有關係。中國的高僧，有神通證果位的那麼多，都同這個念安那般那有關係。修氣是非常重要的，你們生在這個時代，物質文明那麼發達，未來的時代更忙碌了，最好是採用這個方法，不走這條路子，修行想得果位很難，真的很難啊！

我們先插一段經文，《增壹阿含經·卷第八·安般品第十七》，佛教他公子安般守意的方法：「爾時世尊作是教敕已，便捨而去，還詣靜室。」佛也是肉體之身，需要休息的。「是時尊者羅雲復作是念：今云何修行安般，除去愁憂，無有諸想？是時羅雲即從座起，便往世尊所。」私情上他們是父子；教儀上，也是弟子之一。「到已，頭面禮足，在一面坐。」為什麼一面坐？因為佛在打坐休息，所以行了禮後，坐在旁邊等著。「須臾」，過一陣子，佛出定了，下座，羅雲「退坐」，趕快去問父親：「云何修行安般，除去愁憂，無有諸想，獲大果報，得甘露味。」世尊回答說：「善哉！善哉！羅雲，汝乃能於如來前而師子吼，問如此義。」你現在問我這樣大的修行問題。「汝今羅雲，諦聽！諦聽！善思念之，吾當為汝具分別說。」這裡有四個字要注意：「善思念之」，意思是說，你懂了以後，還要去研究，不要只是盲目的迷信。方法我來教你，自己要好好的去研究。

「世尊告曰：如是羅雲，若有比丘，樂於閑靜無人之處，便正身、正意，結跏趺坐。」要注意！你們打坐坐不住，兩腿不爭氣，那不是「兩足尊」。如果兩腿的氣通了，你們的壽命可增加幾十年。

佛告訴我們，修行最重要的是「正身」。站著也能正身，睡也有睡的正身，吉祥臥、攤屍法都是正身的一種。

我們打坐做工夫沒有效果，究竟是什麼原因呢？因為沒有「正意」；因為顛倒因果，把佛的成果結論，拿來當作自己的修持法。一上座，都想空，空什麼呢？你自以為這一下很好，空空洞洞的，其實，那正是「意」啊！是第六意識的境界。縱使你現在做到身體忘了，感覺到內外都是光明，也還沒超出第六意識的範圍。在《楞嚴經》裡的五陰區宇中，還只屬於色陰的範圍，是「堅固妄想以為其本」。

有些人靜坐在一片光明中，未來的事情也能知道，以為是「靈感」。你若學過唯識就知道，那是第六意識的反面，是所謂獨影意識的作用。境界多得很呢！因為你學佛，所以就會看到佛、菩薩，這是意識境界。拿小乘修證的理論來講，你意識沒有專一，沒有「正意」。所謂正意、正身、正言，三者都不可缺。換句話說，你處處在犯戒，一般人隨便談戒，談何容易啊！你的心念意識，一點都沒有正，隨時都在造地獄種子的業，現行變成種子非常厲害啊！要特別注意。所以佛說，修持第一要「正身、正意」，意念專一。

中國道家修神仙的丹經，在隋唐以後就多起來了，講氣脈的問題，很多都是從這個〈安般品〉中脫胎出來的。東晉以後有《高上玉皇心印妙經》，講究上藥三品，神、氣、精，這些都是事相，屬於有為的工夫。如果有為的工夫，你都沒有修到家，怎麼能達到無為呢？有為法不能專一，念頭如何空得掉？那只是自欺欺人罷了。所以後世學佛的，一萬個中，沒有一個證果，請特別特別注意！我除了依照佛經以外，拿我幾十年摸索的經驗，誠懇的告訴各位，你真達到正身、正意，沒有一個身體不能轉化；沒有病去不掉的；沒有身心不會健康的。正身、正意做到了，身心兩方面絕對的健康，可以返老還童。因為一切唯心所造，這是真的，就是「正身、正意」四個字。

「正意」涉及了呼吸，道家也一樣，《陰符經》上有一句話——「禽之制在氣」，這是一個重要的口訣，也就是方法。念頭抓不住，會亂跑，思想不能專一，就因為你的氣在散亂，氣散亂，心就散亂了。

但氣不是主體，是心的附屬品，可是這個附屬品很厲害，抓它不住，你的心就停不下來。等於人騎在馬上，你的氣就是馬。《西遊記》裡，唐僧騎的那一匹馬，就是代表那股氣。人若騎在一匹劣馬上，想叫牠停住，韁繩拉得很緊，馬還是亂跑，停不下來，你一點辦法都沒有。所以我們心雖想定，若氣不能定，妄念怎麼能停止呢？有許多人情緒不好，身體不好，其實都是氣不好的緣故。

「無他異念」，這時心裡什麼念頭都不要有，就是正意的道理。「繫意鼻頭」，把意識掛在鼻頭上。這句話，害死了許多修道學佛的人。什麼「守竅」啊！「眼觀鼻，鼻觀心」啊！小心得高血壓。還有什麼學白鶴，白鶴能活一千多歲，據說是因為白鶴休息的時候，鼻子對著肛門，兩氣相通的緣故。但我們的脖子比白鶴短這麼多，怎麼學？所以佛說，眾生之愚痴，至可憐憫者也。「繫意鼻頭」，不是叫你看鼻子，這要首先提醒你，要注意鼻孔呼吸出入的氣，也就是「心息相依」的第一步，使意念跟呼吸配合為一。

「出息長亦知息長」，你的正意不要離開呼吸，呼吸出來有多長，你自己要能知道。「入息長亦知息長」，注意這個「知」字，如果你一邊在修氣，一邊腦子裡亂想，那就不對了，沒有效果。思想和呼吸配合為一，叫「安般守意」。怎麼把妄想抓住呢？只要注意呼吸，呼吸就像是一條繩子，把這一匹馬拴住了以後，等於妄念被拴住了，修行便可以專一，也就可以證入「初禪」。修行的效果是一定會來的。

「出息短亦知息短，入息短亦知息短；出息冷亦知息冷，入息冷亦知息冷。」呼吸進來有時候是涼的，這時有兩種可能，一種是病態，一種是絕對健康的，是自己的熱能，也就是「四加行」裡面的「煖」相生起。相對的，你會覺得從外面吸進來的空氣是涼的，而又覺得那個空氣與你不相干。

「出息暖亦知息暖，入息暖亦知息暖。」你們打坐，有時腳心發暖，那就是「息暖」。不過你們心跟息，兩者不能專一，所以東一下，西一下，息自己亂跑，跑到哪裡就暖到哪裡。跑到丹田就以為是拙火，勸你趕快撥一一九電話，叫消防隊吧！（眾笑）

佛告訴他的公子：「盡觀身體入息出息，皆悉知之。」這個氣息，就是《楞嚴經》所說的風大，大家應該還記得，《楞嚴經》裡面的「性風真空，性空真風。」但這一步牽涉到大乘的修法，暫且不談。你們不要一心爬高，先要能做到守息才行。能夠在靜坐時，「入息出息皆悉知之」，所產生的效果，就是記憶力非常好，腦子特別靈敏。

你們一般學打坐的，坐在那裡，呼吸時在呼吸，都不知道；昏沉時也不知道；有時意識中有點空靈，又有好幾個東西在亂忙，如果不信，你們自己檢查看看！根本沒有「正意」，這個叫什麼工夫啊！你坐一萬年也沒有用。

最近好多人問我，關於不倒褡，難道不倒褡就是道了嗎？哪一本經典，哪一條戒律叫你不倒褡啊？除非真正在修頭陀行。連佛自己都要睡的，經典上、戒律上，只教你睡時，要觀想日輪在心中，要清明的睡，睡得少，這些講究是有的。出家人睡，去掉五蓋則有之，並沒有叫你不躺下來。我說這些話，並不是說不倒褡不對；只是，你如果自認為有這個體能，可以做到不倒褡才行。如果沒有這個體能，結果要修道，道沒有證到，體力先搞垮了，這個可太不值得吧！我講的話很嚴重，是很誠懇的告訴你們。「佛乃如語者，實語者，不妄語者。」我們要作實語者，老老實實的講話，直心是道場，所以要注意這個問題。

「皆悉知之」很重要，乃至你躺著睡，也可以注意呼吸，這是同樣的道理。

「有時有息，亦復知有。」注意！這裡進一步了。後來天台宗把這個法門擴充了，叫作「調息」、「聽息」、「數息」，乃至後來到了密宗，叫作修氣功、修九節佛風、修寶瓶氣等等。道家有句話：「天地玄宗，萬氣本根。」在身心配合下，氣有萬種的變化。中國人看相，先要看氣色好不好，的確是有道理的。

呼吸沉靜到停止了，絕對找不出妄念來，你要起個妄念都起不來，可是這時知不知道？很清明，這是實際的工夫。這時做到了「有時無息，亦復知無。」至於知道的這個「知」，又是什麼？那是另外一個問題。所謂靈靈明明，始終存在。

「若息從心出，亦復知從心出。」這句話就要研究了，從心出並不是從心臟裡出來，而是說：心念動了。心念動時，有時覺得息與光明放射出去了，那時如有旁人經過，這個人馬上會受感染，他的心境就會得寧靜，或覺一股熱流一樣傳到他身上來。但這是過程，不是好事，這是做得到的。這時候還沒有得定，還早，只是普通靜坐工夫而已。

現在科學曉得人體會放光，本來每個人都會放光的，到那時，你的氣息停止了以後，那個光芒放射得更大。如果講有鬼神，那個時候，鬼都不敢碰你，老遠看到你就躲掉了，陽氣盛極之故。

所以「息從心出」，並不是息從心臟出來，那是你的心念動了。換句話說，一般人練氣功都從心——心念故意造作，學密宗也是，那是你心念構成一個氣息出來的道理。

「若息從心入，亦復知從心入。」修寶瓶氣時，丹田有一股氣，煉到能不呼不吸時，即使把你長埋於地下，也可暫時死不了。

大家注意啊！現在談的這個路線，都是從鼻子來的，其實我們人體也在呼吸。身體上的呼吸停止了，才算真正入定了。入定時三樣東西還在——煖、壽、識。阿賴耶識並沒有離開過身體，真正入定了，氣息一定充滿。氣息充滿的人，不管多大年紀，身體任何部分，一定都是軟的，軟化到如嬰兒一般。所以入定的人，不能去碰他，只能用引磬在耳邊敲。

你們工夫做了一段時間，身體還沒有軟化，兩條腿盤不住，這不是兩足尊，而是兩足爭，打起坐來跟兩腿在爭、在熬。去年有一位朋友，寫信問我打坐的問題，他說他腿坐不住，我回答他：哪得工夫與腿爭！我們現在用功都來不及，還跟腿去搞這玩意兒！來不及啊！正意最重要。什麼姿勢都可以的，等工夫到了，兩條腿已軟化，自然就盤得住了。只要這兩條腿的氣通了，壽命也跟著延長。你注意！你覺得身體老化一點，僵硬一點，那麼你就早準備一點——準備走了。老子講：「專氣致柔，能嬰兒乎？」所以也不要有門戶之見，在這一套修法上，佛家、道家都行，因為「定」是共法。

有些人日常很忙，注意！趕快多打坐，不要以為忙啊！累啊！沒有時間打坐。你要趕快坐，坐到能夠住氣，那麼一個鐘頭下來，一天都用不完，但是要真正做到了才行。不過有一點要注意！腸胃要空虛一點。道家有兩句話：「若要不老，腹中不飽。若要不死，腸內無屎。」當然營養還是要夠，腸胃乾淨，氣就容易充實。

「如是羅雲，能修行安般者，則無愁憂惱亂之想，獲大果報，得甘露味。」在這物質文明發達的時代，修這個法門，對身心都好，壽命也可延長。你們打坐時，有的人不是會亂搖嗎？只要你把意念與呼吸配合為一，氣就不會亂跑了。「則無愁憂惱亂之想」，所以學密宗的講，由喉輪到心輪的脈打通的人，妄念就不來了，憂愁煩惱自然就去掉了。

「爾時世尊，具足與羅雲說微妙法已」，具足，大原則都具備了。羅睺羅聞法後，「往詣安陀園」，安陀園又譯為阿蘭若，意即清淨的道場。他「在一樹下，正身正意，結跏趺坐，無他餘念，繫心鼻頭。」羅睺羅開始修持佛所教的安般法門。

「爾時羅雲，作如是思惟」，這思惟是在定中，正思惟，並沒有錯。你們以為應該無妄想，把正思惟也丟掉了，那就錯了，大家懂吧！想把正思惟也空掉，是不對的。

「欲心便得解脫，無復眾惡，有覺有觀，念持喜安，遊於初禪。」羅雲依照佛的教法，入了初禪定，這時才真得大喜樂，發出真正的大慈悲心。

第八講

內容提要

修持證果
初禪到四禪
結使和大阿羅漢
念身與白骨觀
念佛與淨土宗
念法與學理實踐
念僧念聖賢僧
念戒守戒
念施念捨
念天及天堂

大家的筆記一定要交，但筆記不是記錄，不是把我每一句話記錄下來，而是記要點，加上你自己的心得。日記是把要點配合自己的修證、體會，再加上對問題的參悟作一個記錄。

上次提到，自佛法傳入中國，為什麼東漢之後，隋唐以前，修行證果的人那麼多；但在宋明以後，證果的人越來越少，主要原因就是修證的問題。講到修證事相的問題，要特別提出小乘經典——《四阿含經》。中國佛教喜歡講大乘，但真正中國的佛教，是融合大、小乘的；而且大乘是以小乘為基礎。後來的顯教與密宗的修法，也都離不開這個原則。所以這次才特別抽出《增壹阿含經》的「十念」要點來講。隋唐以前，學佛修道證果者多，就是因為注重這方面的修持。十念當中，念「安般」最重要。「安般」的修證方法，於後漢時傳入；《大安般守意經》，就是這一個時期由安世高翻譯的。

現在繼續上次羅睺羅所提出的報告，用安般守意的方法修持，到達不呼不吸的禪定境界。這裡已將祕密告訴我們：一定要到達不呼不吸的狀態，才能證入初禪。

「爾時羅雲，作如是思惟，欲心便得解脫。」名、利、財、食、睡等欲，是屬大乘範圍。小乘範圍的欲，是指性欲。關於這點，還會再討論。佛在三千年前，對於現在人所有的性花樣，早都知道，在經典上佛都講到了。欲念不得斷，羅漢果位就證不到。這個欲念甚至包括了遺精，譬如夢中因欲念而有的遺精；同時也包括了各種自慰的方法；自慰，包括意淫，純粹心理想像的自慰方法。上面這句話的意思是說，呼吸到了不出不入時，欲念才可能解脫，這是小乘境界的解脫。

「有覺有觀，念持喜安，遊於初禪。」這時才證入初禪境界。「覺」是生理上的感覺狀態，冷熱脹餓等。「觀」是心理上的知覺狀態，每個念頭的來去都知道。此時呼吸不來不往，並不是呼吸完全停止，因為毛孔還是在呼吸，脈搏還是在跳動，到達渾身毛孔呼吸「靜止」了（不是真的停掉），才稱為呼吸不往來。此時知道自己的呼吸完全停了，這就是「觀」的境界。

「有覺有觀」，即由感覺和知覺反應來的，這個反應就叫「一念」。

「念持喜安」，就是心中發生無比的喜悅。「喜」，偏於生理而言，「安」，則是心理上的輕安，此時身心如坐虛空，這時才證入初禪的狀態。

證到初禪的狀態，還不一定證到初禪的果位。證到初禪的果位，可以稱為「初果羅漢」。至於什麼條件可以稱為初果羅漢，《大藏經》中的記述多得很，如果肯花時間加以融會貫通的話，自然就會知道。

修證部分乃南傳經典主要精華；學理部分是「如是思惟」。

大乘見地略有不同，小乘有小乘的見、修、行，這一點要搞清楚。

學禪不離禪定，但不一定要從禪定入手。禪宗注重見地，注重般若。當然仍須修證，沒有漸修的根基，如何談頓悟的成就！

有覺有觀再進一步：「有覺有觀，內自歡喜，專其一心。無覺無觀，三昧念喜，遊於二禪。」由有覺有觀的境界，再進一步證入內心無比喜悅。這不只是口頭的高興，而是看到一切眾生、任何人，乃至冤家、仇人等，自己內心都是祥和的；他們即使有錯，也是值得憐憫的。慈祥是內心自然的流露，不是出於勉強的，所以菩薩「慈悲喜捨」中的喜很重要。不喜的狀態持久了，整個身體會僵化，氣脈就不能通了。

這時「專其一心」，專在初禪所得的境界，「念持喜安」，保持能量不放射的狀態。氣停了，就是道家「無火之謂炁」，漸漸的證到：「無覺無觀，三昧念喜」，心中無比的喜悅。這個喜悅的境界就是「念」。此時證到二禪。

《增壹阿含經》，在兩晉年間傳入，這時佛法注重修持，佛法也很容易被接受，因為一修就有效果。當時的文化相當高，如果佛教光靠學理進來，不一定被接受，但定力與神通一來，知識界不能不投降了。而現在學佛的人，哪裡有神通！只有神經。如從禪定入手，就會有神通，各個都有，不足為奇。

無著菩薩一系下來，專講唯識法相方面的修證，在這一套理論系統下，我們方才講的，「有覺有觀，念持喜安，遊於初禪」，還在「有尋有伺」的境界裡，還是在第六意識的狀態中。到達「無尋無伺」時，才是這裡所講「無覺無觀，三昧念喜，遊於二禪。」心理思想，不再像電子般亂跳動，而進入「無尋無伺」的境界。可是此時還有境界存在，還沒到「無心」地，還早得很。「無心」談何容易啊！如果我們認為萬事過了不留意，就叫作「無心」，這樣每個人都會。禪宗祖師說：「莫謂無心便是道，無心猶隔一重關。」學禪宗，在見地上有莫大的好處，但在修證方面，卻有莫大的流弊。凡事有利有弊，這也是一陰一陽的道理。

「無復喜念，自守覺知身樂，諸賢聖常所求護喜念，遊於三禪。」

這裡又起變化，到了三禪，心頭的喜念沒有了，守著一種境界——「覺知身樂」。身體內部所有的氣機、氣脈，每一個細胞、神經，都起了大變化。到了三禪境界，才可能去除疾病。所以不要以為兩腿一盤就是禪。能到達三禪，是要無量功德、無量善心，慢慢熏修來的。在這之前，只能略微改善身體現狀，做到少病而已。證入三禪後，看以前歡喜境界，就如同凡夫一樣。因為現在才達到至善的喜悅，這是聖賢的境界。

「彼苦樂已滅，無復愁憂，無苦無樂，護念清淨，遊於四禪。」

這時再進一步，證到沒有苦，也沒有樂；沒有憂愁，更沒有幽悶。大家要注意，到了「苦樂已滅」的境界，也還是「念」，所以接著說「護念清淨」，身心內外一片，融化了，證到四禪境界。

這是佛的公子羅睺羅，自己的心得報告。

「彼以此三昧，心清淨無塵穢，身體柔軟。」這時身心毫無渣垢，如嬰兒狀態一般，要到三禪才能證到這個境界。以前高僧大德，都可預先說出何日死，且臨死時身體像嬰兒般柔軟。或者更高明的，化成一片光，人就消失了；充其量留幾片指甲，或一束頭髮作為紀念。

此時智慧到達了：「知所從來，憶本所作，自識宿命無數劫事。」同時解脫了分段生死，進入變易生死中。知道自己如何來，如何去；得宿命通能知無量億劫事。四果羅漢只能知五百生，大阿羅漢知道的就多了。羅睺羅就是到達這個境界。

「彼以此三昧，心清淨無瑕穢，亦無諸結。」一切煩惱諸結，都解開了。

「復更施意，成盡漏心。」注意這八個字，四禪是禪定工夫境界，如結使未斷盡，所以四禪並不就是大阿羅漢，還未證果。到了這個境界時，「復更施意」，如果念頭起來了，要更加修持。「成盡漏心」，就是無漏心。

但是，不能動念不就成木頭了嗎？不是的，起心動念，用過便休，沒有滲漏，沒有黏著。有定力的人，儘管一天忙到晚，他那個處在定的境界的本心，並沒有動，並且還是光明清淨。處理煩惱事，在當時現煩惱相，但心境的光明，則一點都沒有動。

「彼以作是觀，欲漏心得解脫。」這時，所有的「欲漏」，「有漏」，「無明漏」，統統得解脫。到這個境界時，「心得解脫，已得解脫，便得解脫智。生死已盡，梵行已立，所作已辦，更不受後有。」

四禪工夫到了這個程度，才算得到了解脫。大家注意，「心得解脫」，這個「解脫」是修持上的一個境界；「得解脫智」則是見地。智慧不屬於工夫，不屬於境界；但是工夫、境界與智慧，是相輔相成的。所以到了解脫的境界以後，還要繼續努力，慢慢地得「解脫智」。大家又要注意了，在這一段修證程序中，最後歸於「解脫智」。可見小乘還是以智慧的解脫為終究，何況大乘。用大乘的說法，則是大般若圓滿的解脫。

到了這個境界，羅漢的果位來了，這個生命就叫最後身，以後不來了。（到哪裡去？）這一生，清淨的果位已立；世間所有的冤債都還光了，以後不到欲界中來了。這就是小乘極果。但是大乘的道理，這種成就最多經過八萬四千大劫，非再回來不可。不迴心向大乘，不能澈底了脫生死，只能了分段生死，進入變易生死的境界。

這是羅睺羅的修證報告，經上沒有記載他修了幾年，或幾個月。然而佛在世時，確實有人當下證羅漢果，有人三天證果，也有人七天成就。

羅睺羅向佛報告修持經過，佛很高興，獎勵了一番。接著說：「具足禁戒法，諸根亦成就，漸漸當逮得，一切結使盡（《增壹阿含・卷七》）。」佛說修安般，由調息的方法入門；修成後，戒定慧具足，不用刻意守戒，已完成守戒功德。諸根神而通之而得解脫。比如佛學中的四大皆空，要諸根成就了，才「空」得掉，才做得到飢餓寒暑不侵，四大才轉得過來。

要證得大阿羅漢，還要斷「三有結使」。「三有」是欲界、色界、無色界。三有結使就是心理行為，即心理狀況、起心動念所構成的作為。這些習氣的結使都斷光了，才能證得大阿羅漢果。

在佛所提出的十念當中，講得最多的，就是利用呼吸證果，佛的公子也報告了這方面的修證經過。

在《增壹阿含經》卷十一、十二中，提倡孝道，強調父母之恩難報。由於中印基本文化思想上這個共同點，所以佛教傳入中國後，很快就為中國文化吸收，並發揚光大。

第九個是「念身」。這裡的念身法門，是就顯教而言，不講密教。後世的中國道家及密宗，走的是密教路線，偏重於修身的法門。但在最後，往往不知道把這個法門解脫，而過於執著了修身，就是外道。如果知道把這個法門解開，就不是外道。

這裡所講的念身，是小乘的方法，譬如「四念住」中，「念身不淨，念受是苦，念心無常，念法無我。」小乘所講的無我，是就現有的生命現象而言，在於提示人們，超越這個層面，證得涅槃。可是流入學術界後，尤其是流入西方以後，認為佛家的無我是斷見，不承認有靈魂，也有說佛學是無神論，這真是笑話。

唐宋以前修持證果的人很多，修念身法門的也特別多。如不淨觀、白骨觀兩種，都是念身法門。天台宗的止觀，採用了呼吸法門，再加上修不淨觀、白骨觀。浙江寧波太虛法師有位弟子，學問非常好，三個月修成了白骨觀，把人觀想成骷髏架子，觀想到每個人都是骷髏，到達二禪境界。後來他告訴我說：儘管出家，欲念還是有。雖然白骨觀修成了，但是卻覺得「縱然白骨也風流」。

所以白骨觀、不淨觀，要修持到沒有欲念，古人可以，今人不靈光。今人覺得白骨也蠻好看的。

念身，觀身不淨，主要在於去欲。大乘戒律第一條是戒殺；小乘戒律第一條是戒淫，為什麼不同呢？

要得羅漢極果，必須先戒欲念。但是，白骨觀也罷，不淨觀也罷，數息觀也罷，百千無量法門，差不多都拿淫欲沒辦法。淫欲之斷，就有如此的困難。能先轉化了欲念，才能談修證、禪定。

第十個是「念死」。人生都要死，尤其是老年人，真看通了生死，才能放下，同時鞭策自己，趕快努力修持。近代淨土宗印光大師，特別注重修念死法門。

現在再把十念重新討論，與本題「融會顯密圓通修證次第」，加以融會貫通。

第一「念佛」。這個念佛，並不是淨土宗的念佛法門，雖與淨土宗同一原則，但修法不同。據《阿含經》所述，這是心心念念仰慕、追隨、信奉、追求佛的成就，以佛來警策自己的一種法門。

慧遠法師創立淨土宗，採用淨土三經，其目的是求長生不死。慧遠在出家學佛前，學的是道家；後來覺得，道家求長生不死的修煉方法不夠究竟，所以轉到佛法裡追尋，結果找到了精誠一念，可以往生極樂世界，他便採用這個法門，創立了淨土宗。往生西方極樂世界，也可以說是長生不死，但沒有澈底「了」生死。要往生那裡再繼續修持，成就了以後，再到十方世界度眾生。這是大乘路子，同時也包括了小乘的念佛法門。

此外，密宗的念佛法門最多，譬如毘盧遮那佛修法、普賢如來修法、上樂金剛修法、喜金剛修法等等，都是念佛法門。

這裡我所講的念佛，是廣義的，包涵極廣。狹義的，是淨土宗的念佛法門，那只是一個方法而已。

第二「念法」，也可以成就。現在一般人不能把學佛、佛學、佛教三者合一，真能合一，就是念法。譬如我們都知道無常、苦、空、無我、十二因緣，「諸行無常，是生滅法、生滅滅已，寂滅為樂。」這些學理就是法。我們只曉得這些學理，而沒有把這些學理，用到自己身心上，沒有和修證配合起來，這就沒有「念法」。

孔子所講：「窮理、盡性，以至於命。」也就是念法。把佛學的理，應用到身心上來，這是「念法」的法門。

第三「念僧」，念聖賢僧。如馬祖、百丈禪師如何出家？如何參禪？如何成道，或憨山大師的修持經過，我們佩服他們，模仿他們，就是念僧法門。先輩的聖賢們，走什麼路子，有什麼成就，我們依法修行，就是「念僧」。但現在的人們，非但不看前輩修行傳記，不學習他們的修行；即使看了他們的傳記，也用客觀的眼光去研究它，甚至批判它，這不是修行人應有的態度。

第四「念戒」。念戒也不容易，大陸上以前每個陰曆的初一、十五，必須誦戒，非常隆重。每個出家人自己犯了戒，逐一作懺悔，希望不要再犯。至於念戒，和誦戒不同，一條一條都要熟記於心，連開步走，或做任何事，都要念著戒。這樣，你的行為，處處都是合於法度，心心念念如此，做得到嗎？戒又有遮戒、性戒的差別。因時間、地區不同，可以權宜變更的戒條，叫作遮戒。但是像殺、盜、淫這三大戒，是永遠不能違犯的，這些就是性戒。

念戒，就是隨時嚴重地告訴自己要守戒，看住自己的思想、念頭，只能起至善的念頭；至於壞念頭、惡念頭，絕對動都不能動，以免犯戒。

年輕人若真做到，七天規規矩矩念戒，一定會證沙門果。證了這個果位後，修持的路就好走了。但是，後世修念戒的人很少。

四無量心也在戒的範圍，經與戒是合一的。學密宗的人，守戒方面就更嚴謹了。每次修法，先修四無量心：眾生一切的痛苦，自己來擔；修法不為自己修，希望修成了以後能度眾生；所有的功德迴向眾生，自己完全不要。發菩提心、四無量心等等，這些都屬於念戒法門。最近到處都流行密法，東傳一個，西傳一個，但是基本道理都沒有。搞得我「可是無關卻有關」，只好不看了，實在看不下去。真正的密法，在心理的行為，道德的反省上，都是非常嚴肅的。一般人聽到密宗，都想到男女雙修，把密宗給蹧蹋了，也蹧蹋了佛法。任何一個宗派，都不是這麼簡單的。

第五「念施」。施即布施，念捨，一切都要捨，如拾得引用彌勒菩薩偈子說：「有人罵老拙，老拙只說好；有人打老拙，老拙自睡倒。」這也是布施。念施談何容易！大乘佛法第一個講布施，布施最難修。中國文化中提到游俠的仗義疏財，財物拿出去沒當成一回事；自己沒有錢，卻要給人，這也算得上是施。我們一般的施，往往是有條件的，不是求功德，就是求名利。如能一切都捨，捨到最後就空了，那就證到了空。這個法門還包括很多。

第六「念天」。西方宗教有天堂之說，那是正確的修天道，不是不對，不要看不起西方這個法門，學佛的人，不應該對西方宗教有偏見。《金剛經》上說：「一切賢聖，皆以無為法而有差別。」各個宗教的真理，都是對的，只是證道的程度有深淺，表達方式不同而已。況且佛教小乘，也有念天法門。

怎麼修「念天」呢？說起來難為情，我們一般人修持，死後能不能升天，還是個問題，更別談往生西方了。蘇曼殊說：「升天成佛我何能，幽夢無憑恨不勝。」

由「念天」來說，與我們有絕對切身的關係；四禪八定最高的果位，並沒有脫離三界天。所以真想成佛，跳出三界外，可真太不容易了。

第九講

內容提要

孟子的浩然之氣
見思惑和結使
《楞嚴經》中的十種仙
六欲天道
斷欲及煉氣調息
瑜珈及密宗的修法

若將佛法的要點歸納起來，我們就瞭解，大乘與小乘是分不開的。而修行是以見地、修證、行願三方面並進，以求自己證果；決不是學學靜坐工夫就算了，那只是玩玩而已。所以要先提出南傳小乘經典，《增壹阿含經》「十念」，作為修行基礎。十念的方法是一個大原則，由這裡再發展成八萬四千種修持的方法。

《增壹阿含經》的十念法門中，第一是念佛。它包括了淨土宗、密宗所有諸佛菩薩的觀想方法等等。第二念法，第三念僧，都有很多道理。我們只能簡化扼要說明，希望大家自己去做深入研究學習，不要只當故事聽，辜負了我的講解，也辜負了你自己。

十念的「念」字，與《楞嚴經》五陰解脫中妄念的「念」，是有分別的，不可混為一談。

這十個方法中，除念身外，其餘均屬精神方法之修煉。念身，包括修白骨觀，以解脫這個肉身給我們的麻煩。其中的念安般，是呼吸與精神互相配合。

讀書不能只用眼睛，應該別具慧眼，須頂門上另有一隻智慧的眼睛，用智慧去看。《增壹阿含經》特別強調念氣，因此，由佛的公子羅睺羅，特別報告自己證阿羅漢果的經過。其他方法則沒有特別報告，由此可見念氣的重要。

我們的精神、身體都很差，做工夫幾乎很少有人上路。就連靜坐，也少有人能將妄念清淨下來。換句話說，如果能用煉氣法門。像羅睺羅一樣，較易得成效，這一點是非常重要的。

在佛法傳入中國前，有一位聖人，也早就提出煉氣的道理，那就是孟子。他在〈公孫丑上〉的養氣中說：「我善養吾浩然之氣，其為氣也，至大至剛，以直養而無害，則塞於天地之間。」學佛者不要輕視他家，天下真理是共通的。學佛的更要清楚，大乘菩薩是以各種不同的化身，各種不同的教化示現，孟子所提的養氣，是大有道理的。修安般法門者，應注意孟子的話：「志壹則動氣，氣壹則動志。」如果精神與氣不能配合，想不生起妄念，絕對做不到。孟子在〈盡心下〉中，提到養氣做工夫的秩序，說到由一個凡夫，做到聖人，有一個程序：「可欲之謂善，有諸己之謂信，充實之謂美，充實而有光輝之謂大，大而化之之謂聖，聖而不可知之之謂神。」

說到大乘與小乘，二者的差別在哪裡？學大乘菩薩道，如果不以小乘作基礎，免談。像現代人的學佛有個大毛病，動輒談大乘，其實連基本——人乘都沒作好。五乘道是：人乘、天乘、聲聞乘、緣覺乘、菩薩乘。大乘不是那麼容易的。先不談小乘的聲聞、緣覺有沒有修好，一般連人乘的修養都有問題。人乘的基礎應先打好，把四書五經研究了再說。大乘與小乘的差別，就在見地、修證、行願的不同。

十念，只是修煉的方法，至於如何修證到羅漢果，不是光憑煉氣就可以的。為何不能修證到羅漢果？是心行不夠，心裡的煩惱妄想習氣的根，轉化不了，見地不到。修到小乘極果的羅漢果談何容易！人死後不墮落，再得一個人身都不容易。佛經上形容，要得人身，如「盲龜遇浮孔」。

在《大涅槃經・卷二・壽命品第一之二》中，佛說了個偈子：

生世為人難　值佛世亦難
猶如大海中　盲龜遇浮孔

那是說一隻瞎了眼的烏龜，在大海裡漂，正好碰到一根浮木，木頭上有個洞。這隻瞎眼的烏龜，就正好把頭穿進這個洞裡。這是多麼難得的一個巧合！我們生而為人，就有如「盲龜遇浮孔」般的稀有難得。至於想生天道，那就更難了！

天人是由四禪八定修來的，四禪八定修成了，往生天道，但還未跳出三界，還是在三界中轉。我們動輒談跳出三界外，不在五行中，談何容易！

打坐修定是共法，並非佛家才有，每個宗教、外道、魔道，都講打坐。工夫做到了，可昇華到欲界天，或阿修羅道去。升天界也並不容易，升天道要有見地才行。

下面參閱〈見思惑與三界九地、斷惑證真之關係〉（如附表，見最後一頁）。

見惑：是指思想觀念上的煩惱，也就是見地上的煩惱。見惑在《俱舍論》中，歸納成八十八個結使。如繩子打結，解不開。學佛的人嘴裡講空，心結卻始終打不開，「結」字譯得非常好。為什麼結打不開？因為氣的關係，氣質變化不了，所以結打不開。

身見：對身體的執著，包括身體上的各種痛苦。老子云：「吾所以有大患者，為吾有身。」我們忙了一輩子，為這個身，最後它還是要腐爛，變一灘膿水。可是，誰不愛此身呢？許多痛苦都是因為身見解脫不了。

邊見：一切哲學思想都屬於邊見。

邪見：有許多思想學派，和美國嬉皮，最近性觀念開放等，都是邪見。邪見，就是偏見。

戒禁取見：因戒而生取捨上的偏差。

見取見：各人所執著的主觀成見不同。

疑：不信任他人。慢與疑兩者聯在一起，總以為自己對，別人不對的心理，就是慢疑，每個人都有。

其他的貪、瞋、癡、慢從略，大家自己研究。

上面所說的，就是屬於佛法的心理學。

普通的心理學，是講現象的分析和研究，越發展越細。佛教的心理學，如八十八結使，唯識宗的《百法明門論》等，是道德的心理學。它有一個前提擺在那裡：就是說只有證道者的心理才對，其餘的都不對。這是至善的，純善的心理學。唯識是了不起，現在這裡談的心理，還是大原則，如要一條一條分析起來，就不勝枚舉了。

有心弘揚唯識的人應該留意，不要關起門來稱皇帝，以為只有佛家的東西才了不起，普通的心理學也有它的道理。我們修行，就是要檢查自己的心理，這就是見地。心行做不好，乃至對人處事的行為改變不了，就算是工夫做好了，也沒有用，充其量也不過是大海裡頭的一個盲龜而已。

這個見地也涉及了行願，修小乘的行願，要證得羅漢果位，不但工夫要做好，心理上必須要去掉這些見思惑。

九地：三界中又分作九個程序，這個世上的人，是欲界「五趣雜居地」，也就是天、人、畜生、餓鬼、地獄這五類，都住在這裡，是凡聖同居的地方；再加上色界與無色界各四地，共有九地。

思惑：指思想方面的發展。如有人寫佛學方面的文章，可謂「文章華麗，考據精詳」，但是毛病落在思惑，也就是思想沒有搞清楚。又如我們打坐，有時偶而撞到定境，能思考的那個就想：嗯！這大概就是道吧！他卻不知這一點念就是思惑。所以，見與思是兩個不同的成分。

未證得菩提以前，都在三界中轉。這裡自己去研究，作心得報告。這一章非常重要，因為我們的思想、見地一有偏差，就已經落在凡夫境界中了，自己還不知道。

在斷惑證真的四果中，斷了見惑粗的觀念煩惱，才是預流果，又稱須陀洹果，也就是初果。

一來向：斷思惑初地之一品乃至五品稱斯陀含向，也是一來果的候選人，又稱斯陀含果。斯陀含有兩種說法：一種是「五還人間」，升天，再下人間，如此來往五次，就不再來人間了；但另一種說法是，死後升天，再下一次人間，就不再來了。

所以在教理上說，認為立地成佛是做不到的。證羅漢果也不容易，須看我們自己的修持工夫。

關於見思惑，三界九地與斷惑證真的關係，在《俱舍論》中都有提及，可以作參考。所謂「論」不是佛說的，是一些菩薩修證成果的經驗，記下來告訴我們。

佛在世時，人的社會不像現在這樣複雜，所以佛在《阿含經》中，教了這幾個法門，許多弟子們，當場就證得了羅漢果。但是，後世人何以成道難呢？

我們想修道證果，見地不能不弄清楚。光修道不通理是沒有用的，工夫做得再好，不通理還是沒有用。現在許多所謂教主，工夫做得很好，可以發生各種境界，但要走的時候，還是腦充血、糖尿病。這些人都是講究做工夫，而理卻未通達。

反之，光通理，不做工夫的人，則百年三萬六千日，不在愁中即病中。

儘管此身之可惡、虛幻，但是為了這幾十斤肉，卻很難安排。所以光做工夫，見地不到不行，行願不到不行；光有見地，修證不到也不行。

禪定工夫做得好，才能升天，但一般人升天的第一步都做不到，為什麼？因為男女關係斷不了。所以小乘果位，先從基礎來講。不只男女關係不可以，連遺精、手淫，乃至所有的自慰方法，或者意淫，都不可以。所以小乘第一條戒律是戒淫。

不漏精不是指漏精液，修持的人應該在沒有發動精液以前化掉它。道家廣成子說：「情動乎中，必搖其精。」一心中有一念，感情一動，精氣已經散了。精的道理是這個精，不是精蟲的精。何況還有遺精（道家稱漏丹）、手淫、自慰等。基本上先要守住這個戒，但據我所知，一般人做不到，打坐坐了幾天，又垮了。

其次是飲食。有許多人工夫做得好，但腸胃吃出毛病，又搞壞了。

這些道理都知道對治以後，佛經上告訴我們，佛的弟子們三天、五天或七天以內，就證了阿羅漢果，是絕對有的事。所以立地頓悟是做得到的，要點是務必注意守戒。

《楞嚴經・卷八》提到十種仙。

一般攻擊《楞嚴經》為偽經的理由是——印度沒有仙道，只有中國才有。實際上印度修仙道的婆羅門教，比佛教還早。比如「唵嘛呢叭咪吽」這個咒子，在南非、南美等地，幾乎全世界都有人唸，但並不是中國傳過去的。這個時代搞學術文化的人，常閉門造車，閉戶稱王，令人感嘆。

佛在《楞嚴經・卷八》說這十種仙道：「是等皆於人中鍊心，不修正覺，別得生理，壽千萬歲，休止深山，或大海島，絕於人境，斯亦輪迴妄想流轉，不修三昧，報盡還來，散入諸趣。」

這十種神仙，只在心的方面修煉自己，沒有大澈大悟證得菩提，他們掌握到了生命存在的關鍵，活一千歲一萬歲都辦得到。但這只是輪迴妄想的流轉，沒有明心見性，還是會墮落的。如果能明心見性，那就對了。執著了方法為究竟，那就不對。不明心見性，什麼都不對；若證得了菩提，什麼都對。

再講天道：「諸世間人不求常住，未能捨諸妻妾恩愛。」有些人不會眷戀這世界，不像仙道的人想活上幾千歲、幾萬歲，可是妻子的恩愛捨不掉，有這種思想的人很多。但有些人可以做到：「於邪淫中，心不流逸」，儒家的方法也如此，不管幹什麼，心沒有散亂。「澄瑩生明，命終之後，鄰於日月。」像這樣有相當修養的人，命終後，可以超越這個娑婆世界，往生到天道的四天王天（見書後頁〈三界天人表〉）。然而還是在欲界中，稱六欲天。

六欲天的天人，壽命比我們長太多了，而且沒有我們這個世界的痛苦、煩惱。他們福報很大，所以都是做善事、修善行、做工夫的人往生。因為沒有離開男女的欲念，所以叫六欲天。雖未離欲念，但已將欲念昇華到很高的境界，所以能升到六欲天。

《瑜伽師地論・卷五・本地分中有尋有伺等三地之二》云：「一切欲界天眾，無有處女胎藏，然四大王眾天，於父母肩上或於懷中，如五歲兒欻然化出。」《起世經・卷七・三十三天品第八之二》如此記載著：「諸比丘，彼於天中或在天子，或在天女，或於坐處或兩膝內，或兩股間忽然而生，初出生時，即如人間十二歲兒，若是天男，則在天子坐膝邊生，若是天女，則在天女兩股內生。」至於色界天的天人則由父親生，頭頂裂開而生出來。天人頭上都有花冠，死前花冠先枯萎，這時天人、天女都哭了，這個人快死了，要墮落到下界去了。到了下界變成我們這些人，我們這些人還覺得自己很偉大呢！

人類靠兩性關係生下一代，欲界天人行欲時，如《起世經・卷七・三十三天品第八之二》云：「四天王天、三十三天行欲之時，根到暢適，亦出風氣。」「夜摩諸天，執手成欲；兜率陀天，憶念成欲；化樂諸天，熟視成欲，他化自在天，共語成欲，魔身諸天，相看成欲。」色界天人彼此以眉目傳情就可以；無色界天人，彼此連看都不必，只要彼此意念一動，就生下一代了。

若把描寫三界天人這一部分佛經資料集中起來，當作小說寫，變成一部新的宇宙生命觀，一定很吃香，也很可觀，可惜我們沒有興趣這麼作。

修持到達初禪，才能往生欲界天，何以如此？因為在初、二禪之間的人，欲念還沒有完全斷，只不過最後那欲念屬於思惑了，只是風流而不下流，看看，覺得很美而已，沒有邪念。這是情，情屬於思惑，一樣是貪瞋癡。

說到癡，古代高明的文學家，如清朝龔定盦的詩：「落紅不是無情物，化作春泥更護花。」憐花，多美好的句子。又如宋朝黃山谷的詩：「五更歸夢三千里，一日思親十二時。」這兩句詩，若拿佛法來看是思惑，是感情思想上的煩惱，是生死的根本，輪迴的根本。當然這已經昇華得多了，欲念是最粗的，所以欲念不斷，不能證果。

如何斷欲？佛只先教我們過午不食。過午不食有幾大功德：第一、不易昏沉；第二、斷睡眠；第三、斷情欲；第四、身體清明。

斷欲除了這個方法以外，佛沒有教別的，但是斷欲是最難最難的，很少人真正能把欲斷了的。年輕人打坐，剛剛把工夫做得好，情欲就來了。沒有情欲時，打起坐來，半在昏沉半睡眠。這怎麼辦？要靠煉氣，所以，十念中第八項「念安那般那」，非常重要。

佛教有兩大宗派，特別提出煉氣以求定。一為天台宗的調息、數息、聽息（參考書籍：《摩訶止觀》《小止觀》《六妙門》）；另一為密宗黃教，創始人是宗喀巴大師，他在《菩提道次第廣論》中強調，做工夫要注重調息。尤其紅、白、花教更注重煉氣；所謂修氣、修脈、修明點、修拙火等，煉好了以後，才能證得菩提。

為什麼「息」這麼重要？生命的四大——地水火風，其中：骨頭、肌肉屬地大，不大好下手修煉；水大屬血液，屬於液體類，從這一步下手修煉也很難，不過，工夫做好以後，水大自然完全淨化了，此時血液流出來是白色的乳汁；至於火大：工夫到了相當的火候，三昧真火發出時，百病皆除，可長生不死。

總之，四大中最重要的是風大，就是呼吸往來的氣。一口氣接不上來就會死亡，所以氣最重要。念頭與呼吸有很大的關聯；思想越散亂，呼吸就越亂；思想細了，呼吸也跟著細了。到鼻子不呼不吸時，才叫作「息」。所以打坐做工夫，調不好息，談不到得定；也談不到止觀的止；充其量，只不過有一點影子而已。打坐後身體變好，並不是你方法修得好，是靜坐中，無形中在調息，氣息變細了，身體便轉好一點。如果我們把意志專一起來修持，那效果就更大了。

由初步起修，到證果成阿羅漢，再到成佛，不論大小乘，都不離這個安般法門。佛在《增壹阿含經》中，由羅睺羅的報告，已露消息給我們，只是我們沒注意到而已。

成道不成道暫時不談，活著能少病少惱，走時乾脆俐落，不麻煩自己，也不拖累別人，已是第一等人了。藉著煉氣修氣，最容易達到這個目標。煉氣只是初步，因為真息並不是氣，這個初步的方法，等於靠火柴來點燃一個東西，使它燃燒。所以密宗稱之為「燃法」，是靠我們後天的呼吸，來點燃與生俱來，本有的原「炁」，使其發揮功能。

有些人打坐時，身子會自然地搖動起來，那是因為身體裡頭有問題，氣在動，走到有毛病的地方，自然就搖動起來。趁現在還健康的時候開始煉，不要等到病入膏肓再開始，就來不及了。

天台宗《小止觀》法中，有一個偈頌：

心配屬呵腎屬吹　脾呼肺呬聖皆知
肝臟熱來噓字至　三焦壅處但言嘻

呵（管心臟）、噓（管肝臟）、呼（管脾胃）、嘻（管三焦）、吹（管腎臟）、呬（管肺）。

在空氣乾淨的地方，站著或打坐，用這六字之中的一個，作口形呼氣，不要出聲音，儘量呼，呼到不能再呼了（肚子癟進去），嘴巴一閉，讓它自然吸。煉得累了，停下來做調息工夫。此時就是《小止觀》所謂「有止有觀」，感覺自己不呼不吸了，非常輕微，雜念少了，慢慢練習下去，身體內部會起各種變化。

瑜珈術洗胃法：吞長紗布，一端吞下，另一端用手拉著，吞至胃，然後拉出。測出胃不好的人，須馬上找醫生。

洗腦法：乾淨的水，用鼻吸進去，初練習時，頭痛如萬針穿孔，練慣了以後，水一吸一噴，由嘴裡出來。練到後來，一吸氣，不是只到肺部，同時可以直接進到腦裡去，腦子可整個貫通，同時也到腳底。莊子云：「真人之息以踵，眾人之息以喉」，一點不錯。

洗胃的另一種方法：頭仰，舌尖向小舌頭裡頂，發「嘔」欲吐，胃裡的髒東西，就會拉乾淨。

最好能一個禮拜斷食一天，光喝水，清理腸胃，身體會健康。

這些都是有為的做法，密宗的寶瓶氣、九節佛風，走的是瑜珈術的路子。身體四大不調，想打坐得定絕無可能。氣息調整不好，身體也不會健康。同時還要懂得營養，懂得醫學。儒家講：一事不知，儒者之恥。所以必須發心，樣樣學問都要知道，這是大乘的精神，各種常識要學，就是菩薩道。相反的，不懂又不學，就是凡夫。

氣功做得越好，精神越旺盛，也不會累，然而心會累，關於這其中的道理，以後再作研究。這時妄念少到極點，如果調整得好，妄念根本沒有了。妄念沒有，思惑就來了。所以打坐時覺得：唉，已經坐很久了，這不是妄念未斷，是思惑沒有斷。這兩者層次不同，本質則差不多。所以學禪的人，如果連這個道理都參不出來，還叫什麼禪呢！光是一個話頭是沒有用的。學禪要開悟，開悟的人已得無師智，自然懂這些道理。

第二步到達不想做氣功時，注意，即羅睺羅所講：「息入則知息入，息出則知息出」，身體內的氣，像能量一樣在動。道家有任督二脈之說，其實是氣的作用，任督二脈之說是見惑。

到了息入知入，息出知出，有覺有觀的狀態時，有些人覺得自己的身體還在，以為這是妄念沒有空的緣故。其實這種心理是矛盾的，再做十年工夫也沒有用。這是初步有覺有觀的當然現象。以為這是妄念，就是理認不清。拚命想辦法除妄念，怎麼能得定！怎麼能上路！白做了。工夫到了這個時候，要參考羅睺羅的這一段報告。

到息真正充滿了以後，可以忘掉身體，進一步求大乘道，再進一步到達：「性風真空，性空真風，清淨本然，周徧法界。」佛把祕密說了，呼吸的往來是生滅法，是現象，我們的生命都在生滅中，而能使它往、使它來、又能使它生滅的那個，並不在生滅中。那個是本體，明心見性就是見這個心的體。所以，煉呼吸時，如走大乘的路線，定中有慧，「性風真空，性空真風。」然後到達「清淨本然，周徧法界」，與孟子的「其為氣也，至大至剛，以直養而無害，則塞於天地之間」，有異曲同工之妙。

煉息是非常重要的，因為煉息可斷去欲念，做到不漏丹。老年人煉息可使陽氣重來；有病的人可藉此去病，健康長壽。

總之，百千法門無量妙處，就在這個法子裡。沒有時間對諸位詳盡的講，很抱歉！

第十講

內容提要

聽息數息的問題
精氣神樂明無念與三界
空假中三止三觀
密宗及修氣
修脈
生命和宇宙法則

上次講到念安那般那的重要，通俗名辭稱為煉氣。安那般那是煉出入息，包括顯密許多方法，而原則只有一個。若加上印度婆羅門、瑜珈術、中國道家，至少有幾百種方法。方法雖多，但歸根結底都是煉氣煉息。

我常感嘆講話難，難於使聽話的人明瞭。上次上課講有為修法，許多同學覺得很過癮，可見現在人都喜歡有為法。其實，煉氣功和證果是兩回事，這一點大家應該了解。

再則，同學間輾轉相傳這些方法，結果都搞錯了，只好以引用古人的話來說：「鑪鞴之所多鈍鐵，良醫之門足病人。」聊以自慰。

這時有同學提問題：

問一：修下丹田，吸氣進來細長慢，呼氣時快短急，第一口氣呼完，第二口氣緊跟著吸進來，對否？

師答：對。

問二：聽息時耳聽呼吸，開始時，同時要聽脈搏，比較容易知道內息在裡頭走動。待心進入初步定境時，自然就放開了，不管脈搏，也不管呼吸，此時呼吸非常細微，等於不呼不吸，對否？

師答：對。

師云：若能在最鬧之處，聽到自己的呼吸聲，此人有定靜工夫。達摩祖師在嵩山入定時，聽階下蟻鬥之聲如雷鳴，確有其事。

另一個故事，玄奘一個大弟子窺基法師，又名三車和尚，到終南山拜訪律宗道宣律師。道宣律師守戒律，功德成就，因而有天人天女供養。窺基大師去看望他那天，天人不來了，兩人只好挨餓。夜裡睡覺，道宣律師整夜打坐，不倒褡。窺基大師不管這一套，倒頭便睡，睡相不佳，又打呼嚕。次日，道宣律師說他：出家人的規矩，不打坐也該作吉祥臥，你睡得不規矩，又打呼又亂翻身，吵了我一夜。窺基大師說：我才一夜沒睡好，被你吵死了，我睡到半夜，好好地，結果你腰中有一隻蝨子，咬了你一口，你手伸進去，本想把牠掐死，又想想，不能殺生，你就把牠往地上一放，放也該好好放，那麼高一放，把牠的一隻腿跌斷了，所以牠哎喲、哎喲地叫了一夜，吵得我睡不好。

道宣律師不敢說話了，真有這回事，他怎麼知道？等窺基大師一走，中午，天人又來送食，道宣律師問天人，為何昨天中午不來？天人回答說，昨天中午是來了，結果看到滿天滿頂被五色祥雲蓋住了，找不到茅篷，而且祥雲外面，金剛護法神很多，一定有大菩薩在這裡，我們欲界天的小天人進不來，道宣律師聽了簡直無話可說。

為何在睡眠中，這些小聲音都知道，這是什麼定力？達摩祖師在嵩山入定時，聞階下蟻鬥如雷鳴，也是這個道理。

鬧中聽自己的呼吸聲很難，同學問的這個問題就是做聽息工夫，開始聽脈搏跳動的聲音，心臟、血液流動的聲音都可以聽到。有定靜工夫的人，只要聽到裡頭的聲音不對了，就曉得身體那裡出了毛病。

問三：試做安般法門，六七天來情況如下：一上座，因學佛多年，自然而然，變成數息。後來繫念鼻端，卻不知息的長短、冷暖。後來漸漸可以配合知道了，數了三息左右，忘了繫念鼻端，更忘了息之長短、冷暖，此時忽現一片強光，明知不能貪著，還是執著了。等發覺錯後，再攝念，重新恢復繫念鼻端，如此越搞越亂，變成在做氣功，不在修持了。後來或數息，或看這一片光，越想糾正越亂，怎麼辦？

（師示範數息方法）

師答：如在數息中間，動了一個念頭，岔了一個雜念，須重新數起，中間不准有雜念，一路做下去。陸放翁的詩：「一坐數千息。」表示一坐起碼就有幾個鐘點。陸放翁、蘇東坡這些名人，當年都是做工夫的。凡是營養過剩、血壓高睡不著覺或雜念多、欲念旺的人，要計出息；有些身體衰弱、血壓太低、腦神經衰弱的人，要計入息，這就是對治法門。佛是大醫王，能醫眾生病。修行初步要懂醫理，不懂醫理是搞不好的。身體不好也不壞的人，可分上、下午分別各數出、入息。

上次重點在八十八結使的解脫，不是在做氣功。可是講了那些煉氣方法後，大家以為得了祕訣，如獲至寶，以為這就是佛法。真正的佛法是在心行，在八十八結使的解脫。這位同學有這個問題，主要在於見地與工夫配合不了，知見不明，理沒有透。要知道，調息、止息不過是初步去雜念的方法而已，雜念既去，此法也用不著了。佛在《金剛經》說：「汝等比丘，知我說法，如筏喻者，法尚應捨，何況非法。」所以過河需用船，過了河後，把船背起來走，不是很笨嗎？他的這個問題，是因為調息過分了，等於營養過多，也會出毛病一樣。

至於眼前發光，只要氣息調好，氣充滿了，內在光明一定起來，那時晚上不用電燈，一樣看得很清楚，那是氣的功效，但不是道果。

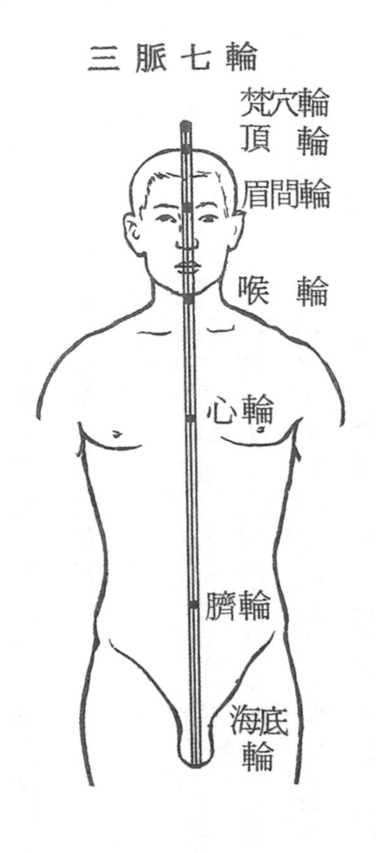

眉間	無色界	神	無念
心輪	色界	氣	明
中宮 肚臍	欲界	精	樂
		（道家）	（密宗）

如上圖所示人體，心窩以下屬欲界，心窩以上至眼是色界，眉以上是無色界，與虛空合一。

道家的精、氣、神，與密宗的樂（精不降，樂不生）、明、無念，也就是三界的另一種表達方式。所以佛教羅睺羅修氣息的路線，是修色界的方法。報身佛的成就，是屬於色界的成就，不到色界，不能成佛。未昇華到色界的境界，不能成就報身佛，毘盧遮那佛是法身佛，法身是體，報身是相。釋迦牟尼佛則代表化身佛，就是用。

學禪宗及其他顯教方法，都是容易成就法身，但是很難成就報身，成就化身就更加難了。

息調好了，很容易產生光明境。但是光明境一來，就容易產生矛盾，那時佛學知見來了，什麼著相啦、妄想啦。其實，管它著相不著相，只要忘身，也不著光明境，自然在光明中。這時如覺得不對，是因為佛學知見太多之故。在光明境中，忘了身體、四大、呼吸……一切不管，則光明變成寂靜，清明寂靜，又會變化另外的境界。變化以後如何，到了以後再講。

修這個方法成就的人，都很樂觀，沒有憂愁，沒有煩惱，其他的好處還很多。比如容易到達「波飛太液心無住，雲起魔崖夢欲騰」的境界。身體會特別健康，工夫達到時，口水都是甜的，無法形容的甜，是由於腦下垂體的荷爾蒙下降，胸腺及欲界的性腺整個起了變化，這時精神健旺，但也很容易引起欲念。所以就如這一句詩：「波飛太液心無住」，氣太健旺，養氣養得太好，如不懂佛法，不在八十八結使心地法門中下手，就變成英雄氣概，「雲起魔崖夢欲騰」，人都覺得要飛起來了。（劍仙必須經這個過程才煉出來的。）如由此歸到心地法門，則可證羅漢果了。至於道家的神仙，也是由此進去的。

問四：等公車念安般，更易煉成，對否？

師示：不對，都市的空氣污染，不適合。覺得更易煉成的原因，因為人一直在散亂中，稍稍收斂，掛著念頭，在感覺上說，以為較易煉成，其實這是錯誤的。吃飽不可以做氣功，因為腸胃要清。我們學佛是走心地法門，藉煉氣去修是助道而已，不是專做氣功。真做到了以後，道家有幾句經驗之談：「精滿不思淫，氣滿不思食，神滿不思睡」，神滿了以後，再談不倒褡就對了。氣滿時，覺得自己的身體像一股氣一樣，真是「雲起魔崖夢欲騰」，走路如踏在棉花上，可以煉輕功了。不過學佛的人，不向這方面引導，一切唯心造，心如專向那一面造作，就會變成那個樣子。

工夫到達某一程度時，想要證果入定，非休糧辟穀不可，充其量吃一點水果，腸胃中不需要其他東西。出家人能過午不食，下午好好用功，多做氣的修持，會得大好處。工夫有了基礎後，營養與否，已沒有關係。但這個中間，男女又各有不同。

問五：修十念法門，男女性的衝動很嚴重，構成修行的障礙，要怎麼對治？

師示：一般人修行之所以不能證果，不外四個字：男女飲食。若不能轉化，什麼基礎都沒了。就算做氣功，如果漏丹了，就不行。

女性月經前後，生理與氣功的關係非常細密，若能修持得好，月經漸漸減少，乃至於完全停止，回轉童身，男性成馬陰藏相。變馬陰藏相以後，欲念壓力減少十分之七，其餘三分很難解脫。那個時候，不是你心理上想要，不是第六意識上的動念，乃唯識所講，阿賴耶識習氣種子，那部分習氣種子能轉過來，就可超凡入聖了。

男女欲念用「性」，明心見性也用「性」，文字用得妙極，此「性」同彼「性」，幾乎是同性，很難分別。欲念也是最後一品無明，這一品不能了，就跳不出欲界。

走修氣的路子，就容易升到色界天，比欲界高一層了。從禪宗「無念」的路子修，可升無色界。但三界有偏向，單走任何一界的修法，都不能證果、不能成道。

光是煉精得樂，全身舒服無比，稱為菩薩內觸妙樂，每個細胞都是快樂的，最細微的快感。但必須這樣才能得定，但是也很容易墮落、沉溺在欲樂的境界裡。

這些都屬於四加行，加行就是加工，如果加工都沒加好，就不要談學佛修道。首先是得樂，樂由精生，精不下降，樂不生。但凡夫的精一下降就漏丹，不是遺精，就是有欲念，追求性行為而走失掉。然後重新再做工夫，如此反反覆覆，就是凡夫境界。所以，一萬個人修持，沒有一個證果。

其次，氣不充滿，光明不起，氣一充滿，自然在內外一片光明中。只住在妙樂境中，會墮在欲界；只住在光明境中，墮在色界；假如走後世禪宗的空心、無念，則墮在無色界。注意！無念久了，就成無記，容易墮入畜牲道中。所以宗喀巴大師在《菩提道次第廣論》中，痛斥無念，認為會墮入畜類，一點也不錯。

再說，不得樂不能得定；不得光明，不能生起智慧；不入無念，不能得空。然而要得空，更須具足戒定慧，缺一不可，若有偏差，則墮在三界中，跳不出去。

精氣充滿後，第一個反應是欲念來了。幾年前，有個朋友，寫了一篇〈性非惡論〉，要我評論。我說：性本身無所謂善惡。就像刀一樣，可以救人，也可以傷人，而其本身並無善惡之分。此理一般人不易瞭解。性欲是個無明，但無明並不一定是罪惡，只能說是無明。無明與惑業相關聯，惑業是不是善或惡，又是另外一個作用。惑業只能算是煩惱，煩惱有善也有惡。但是這一股無明的力量不來，也就不能證得菩提。這一股力量來時，如果轉化不了，就成欲界凡夫。所以道家稱其為「兩界關」。欲念來時，翻上去就是天堂，翻下去就是地獄，確實不容易把握的。

佛法講了半天的戒定慧，在顯教裡只是點到為止，靠自己去悟；但在密教裡，又是另一套說法。其實顯教裡也有，只是我們不曾注意到。所以我特別強調《楞嚴經・卷四》中所講，轉變物理世界，心物一元的關係，及地獄天堂之說。佛把祕密隱在其中，叫我們如法昇華，如法修持。

現在繼續上次的課程。

修安那般那最容易成就，因為生命的根元在氣，但氣也是生滅法。

大家要注意：羅睺羅修到四禪境界，這其中另有關鍵。並不是光修氣就可達到四禪，還須把貪、瞋、癡、慢、疑等八十八結使一併解脫，才可證得羅漢果。

如果光修氣，只在工夫上走，一樣是外道，因為是心外求法。我發現大家都沒有注意到心地法門的重要，其實工夫只是化城，不是寶庫的目的地。

在隋唐時期，比丘、比丘尼、居士等，證果的很多。當時一般人修持，都是拿到一個法門，規規矩矩去修。愈到後來，佛經翻譯越多，道理知道得也就越多；再加上社會環境更形複雜了，眾生對佛所說的話，懷疑的本事越來越大，也就是慢疑更厲害了；對世法的貪瞋癡也越重，當然證果的人就更少了。

南北朝時，智者大師創立了天台宗，比禪宗創立得早。中國十宗中，最早的是東晉慧遠法師所創的淨土宗。天台宗的止觀法門，初步是修息，再轉到修空、假、中的三止三觀。修止即修定，修觀即修慧，這就是定慧雙修。

天台宗以數息、調息、聽息三法門來修止觀，等到真得定後，馬上進入「空觀」。也就是說，等到呼吸調整好，到達不呼不吸，氣息充滿了，這時妄念少了。此時如果不走觀的路，光煉工夫下去，就可以得神通，走向小乘果位，乃至走向外道的路子。

所以，此時應該馬上觀心，回轉來觀空，曉得呼吸調整到不呼不吸，身心寧靜愉快即止。這時候還是一念，然後把這一念放掉，再空下去，身心都不管，叫空觀。不過這個空，注意啊！還是念，所以還是在第六意識中。

因此，當我們打坐時，覺得一念都沒有了，好清淨的時候，這曉得清淨的，也是一念。

當你知道清淨時，已經不清淨了，又是一念了。等於一面玻璃，你用白筆或黑筆在上面一畫，也是一個東西，但你不能說黑筆是壞的東西，白筆是好東西。所以佛經上說，眼睛裡，不能丟進去一點點碴子，也不能丟進去金剛鑽粉，因為不論好壞，都不能丟進去。

但是止觀不講這個，這時候，你曉得清淨的境界就是「有」，不過這個有是「假」有，所以「即空即有，即有即空」。至於那個道體，則空也不住，有也不住，所以叫作中道。這個「中」，採用了龍樹菩薩的般若《中論》。所以稱作空、假、中三止三觀。

有時在空觀的境界裡入定，也可以一定八萬四千大劫，我們連定八個鐘頭都做不到，不要說八萬四千劫了。或者在空的正觀上，能這樣一定，也差不多了，然後再轉來修有觀、中觀，就容易了。

修持天台宗所創止觀路線，在當時很好。到了隋唐，由於證果的大菩薩、大善知識多了，教理也跟著越來越多。理越明，做工夫的人就越少，證果的人自然也就少了；再者，禪宗發達以後，到處都是禪，嘴巴都很厲害，道理都很明白，實際修行的人反而不多，證果的人當然也跟著越來越少了。

現在接著講氣，印度北傳的佛教傳到西藏，稱為藏密。開始是紅教，演變成花教、白教，再演變成黃教。黃教是宗喀巴大師創立，他的四大弟子是達賴、班禪、章嘉活佛及哲布尊丹巴。

宗喀巴大師的《菩提道次第廣論》，講修定、修觀，與天台宗的止觀法門，幾乎完全相同，唯引用經教不同而已。天台宗的《摩訶止觀》，走的是龍樹菩薩大般若宗的教理，是性宗路線；宗喀巴大師走的是無著菩薩唯識法相宗的路線。

修密宗主要強調的是修氣修脈，以達到成佛證果。氣修不通，脈絡轉化不了，不能得定，就是所謂的：「中脈不通而言得定者，絕無是處。」至於打坐，能坐上幾天幾夜，並不一定是你氣脈通了，氣脈通不通和打坐是兩回事。但氣脈通了，要坐便坐，非但可坐上幾天幾夜，就是睡幾天幾夜，站著幾天幾夜，也照樣都能入定，入定與姿勢是無關的。

現代人腦子太複雜，所以修有為工夫，也就是修安那般那法門最好。修氣，身體也會好，如果想藉修氣求得證果，要懂得醫理才行，所以先要自己研究醫理及醫藥。

有一些跟我多年的年輕同學，普遍都有依賴性，處處依賴老師，這裡痛，那裡痛，只找老師，不肯趁老師在時，多研學醫理。更有甚者，吃了藥後，問他反應如何，竟答不知道，像這個樣子，真不知道他如何學佛修道！

一個學佛修道的人，是絕對自私的，要先能管理照應自己的身心。如果連身體的變化都不知道，還叫修道嗎？修道要清楚身體內部的變化，以及心理的變化；起心動念，都要知道。也就是說一個人只管自己，做到完全的自私，但不妨礙別人，那就天下太平。換句話說，對自己身心內在任何一點變化，都隨時要很清楚，這才叫修道。學佛之道就是先求自度、自利，這一點要注意。

舉凡身體的變化，欲念的澄清，飲食的調理，氣候的變化等，處處都是學問，都要留意。古代的大善知識們，不論道家、佛家，都是通醫理。修持工夫高，他們都是從自己身體上體會出來的，也是從自己心地法門中體會出來的，不是靠書本讀來。一個人一生幾十年，老實講，沒有那麼多時間和精力去讀許多書，只要心地的寶庫一打開了，就都會懂的。

密宗強調修氣，在修氣以前，這些道理先要懂得。修氣修到不呼不吸，呼吸停止，密宗叫「寶瓶氣」，瑜珈術稱「瓶氣」。人像寶瓶一樣，在定境要來時，氣充滿了，呼吸停掉，肚子回收進去，身子自然直了，端端正正，定住了，這時舒服得很，叫你下座都不幹。

不呼也不吸，並不是真正沒有呼吸，只是很細微而已。此時雜念沒有了，過了很久，好像有一點吸進來；很久以後，又有一點呼出去，到這個境界就要修脈了。這是唐代以後密宗的說法。

知息冷知息暖，就是在修脈的境界，但並不是在鼻端知息冷暖，而是在身體內部。此時，在身體內部知道哪裡發暖，哪裡發冷，這就是後世密宗所說的脈，差不多相對於神經反應。每個細胞的感覺，哪裡走得通，哪裡走不通，都清楚。事實上，脈就是息的更進一步。

打坐為什麼腿麻？因為腿的脈不通，下部的脈都沒有通。最難通的是臀部，我們坐到後來不想坐了，有兩個原因，一個是心，一個是身。通常我們不想坐了，是不是心不想坐？不是的，大部分是因氣到臀部沉不下去了，此時氣會影響心理。凡夫的心不能轉物，唯物思想家認為，人的思想受物理影響，並沒有錯，只是這個說法只適用在凡夫的境界上。氣也是物，所以我們坐到某一階段時，因為氣到臀部沉不下去了，無形中腦神經緊張起來，心理就坐不住了，只好下座。如果氣從臀部通到大腿、膝蓋，一節一節通下來，要經歷過痛、癢、麻、脹、冷、熱、甚至兩腿發爛，最後等氣一走通，忽然就好了。古代修行人，修持精神很可佩，氣把身體內部的髒東西逼出來，逼到身體都爛了，他們也能把色陰看空，毫不在乎。現在的人有福氣了，只要吃消炎藥，打消炎針就行。

待氣到了足心，才能談得到三脈七輪。氣脈打通了，准可得定，得哪種定？定有百千三昧，每種不同，而我們卻以為只有一個「禪」。所以說，為何禪宗以後更無禪，禪是真誤了不少人。

真正把中脈打通了以後，一坐一定，閉著眼，滿天星斗看得清清楚楚，密宗所講的是真事。那個情景就像太空船進入太空的境界一樣，這就是宇宙的奧祕，生命的奧祕。上次太空船進入太空的整個過程，每一秒我都留意其變化，注意宇宙間的法則，是否和人體是一樣的，結果發現完全一樣。由此更證明，佛法顯密所說的修持經驗，一點都沒有錯，錯在我們自己不用功，沒有修證到。

第十一講

內容提要

達摩的理入行入
二祖安心
四祖與各宗派
五祖的時代
六祖的時代
即心是佛的流弊
小釋迦仰山
臨濟四料簡

我們的課程已進入第五個禮拜的第二次了，實際修證的資料，因時間的關係，無法在這裡作仔細研究，要大家自己去研究，光聽而不研究是沒有用的。

我們開始所講的，是關於學佛見地方面；後來偏重於修證做工夫的事相。特別要注意的，是十念法中，修出入息的方法。這個修出入息的方法，因個人生理、心理的差異，而有所不同。佛說的念安般是大原則，當然每一句話，內容都很複雜，若能修好，絕對能做到健康長壽。若做不到，則是因為不得法，或者沒有恒心。有了初步的修持，再進一步得定，發智慧，得神通，也都絕對能做到。至於詳細的方法，當然不簡單，密宗的修氣、修脈、修明點、修拙火四部，都是修安般法門發展出來的。

先不談悟道成佛，光說修養工夫，應參考孟子的養氣原則，還有呂純陽的〈百字銘〉：「養氣忘言守，降心為不為」，也非常重要。呂純陽是道家，也學禪，他在〈百字銘〉中，把修證的事相，尤其煉出入息成就的步驟，都包括在內了，很值得研究。當然細則很多，非依明師不可，沒有過來人指導，會走很多冤枉路，如由有經驗的人點一句，則事半功倍。

前面所有關於修持法門的討論，都屬於四加行的範圍。修氣的法門與心物的關係，因時間不夠，暫時擺下不談。

現在再介紹中國學佛的修持路子。

前幾次談到自東漢以後，到了南北朝、隋唐之間，修行有成就的人很多，尤其是隋唐以前，走的都是小乘的修持法門。後世有一個毛病，一聽小乘就看不起，這也是顛倒因果。我也再三的說，學大乘沒有小乘基礎，根本就不必談，等於小學基礎沒打好，怎麼讀大學呢！唐宋以後，禪宗興盛了，證果的人卻越來越少，而說理的越來越多，直到現在，都是如此。一般人動輒參話頭、參公案，或者觀心、默照，統統叫它是禪，這都是笑話，都在顛倒因果。

東晉時代，大小乘經典源源滾滾，都向中國介紹而來。經典的翻譯很多，教理越來越發展，對當時做工夫的人不無影響。尤其是鳩摩羅什翻譯的《法華經》《金剛經》，影響中國之大，無與倫比，《維摩經》亦然。

東漢以後，魏晉南北朝這三百多年間，是中國文化學術，以及哲學思想最輝煌蓬勃的時期。在形而上道方面，比春秋戰國的百家爭鳴還高明。不過很可惜，一般學佛的人，只懂學佛這一面，南北朝的歷史未加研究，只曉得那時「清談誤國」，至於清談了些什麼，誤了國沒有，並沒有真正瞭解。實際上，清談不曾誤國，倒是當國者誤了文化，所以讀歷史不可人云亦云，要自己真作研究。

在這個時期，達摩祖師來了，當時修道證果的人很多，都是用小乘禪定的路線在修持，都是有為法門。雖然方法都對，但欠缺把有為變成無為形而上道的轉節。一般大師們，如鳩摩羅什法師，雖然傳了佛經，對形而上道的翻譯，也介紹得那麼高深，但他修持所走的路線，還是小乘禪觀的法門，也就是十念當中，念身的白骨觀，或不淨觀這一類法門。當時，在很難追求形而上道的時候，達摩祖師來了，成為禪宗的開始。

嚴格來講，禪宗是心宗，所以達摩祖師指定以《楞伽經》印心。《楞伽經》的宗旨，一句話：「佛語心為宗」。心字的問題出在這裡，後來的明心見性，一切都誤在這裡。達摩祖師當時指出了兩個方向，一個是「理入」，一個是「行入」。

理，不是普通研究道理的理，是從止觀、觀心的理論方面修持，進而悟道。行入包括十戒，以及菩薩的行願，也就是在作人處事中，注意自己起心動念的一點一滴，以此證道、悟道。禪宗的宗旨，特別注重行入。但後世研究禪宗的人，有一個很大的錯誤，就是將禪宗指導學人輕快幽默的教授法，當成了禪。比如這個來一喝，那個來一掌，尤其以為禪宗是見花而悟道的。殊不知那都是教育法的一種偶然機用，不是禪的真正中心。真正的中心，是達摩所提出來的行入。

參公案是把古人悟道的經過，仔細研究一番，然後回轉來於自己心地上體會。應該怎麼走？如何才能相符？都要會之於心。二祖去見達摩祖師時，把自己膀子都砍了，他這樣精誠求道的事跡，我們都曉得，但卻極少有人注意到，二祖在出家以前，學問已經非常好，是個大學者。他在山東一帶講《易經》，信仰他的人很多。後來，他覺得這個學問，並不能解決宇宙人生的問題，等到再看了《大般若經》以後，他認為宇宙人生的真諦在佛法中，於是就出家了。

二祖出家後，在河南香山打坐八年，修了八年禪定。後世因無法獲得資料，所以二祖當時修定所走的路線，是修氣抑或觀心，不得而知。這裡要注意，修禪定八年，太不簡單了，又具備了第一流的學問修養，後來又跟隨了達摩祖師好幾年。書上記載二祖來看達摩祖師，在雪中站了三天三夜，達摩不理，反而對他說，佛法是曠劫精勤的無上大法，在雪中站幾天求法就行了嗎？二祖於是把膀子給砍了下來。後世有人研究，好像覺得達摩祖師要求得很不合理，事實上，從前那一代人的宗教熱忱，求法的情操，不是我們後世人所能了解的，《高僧傳》中也隨處可以看到。我年輕時，親眼見人修持求法，燃指供佛，刺血寫經等事實。像這種情形太多了，依現在人講，這是愚蠢迷信，不知是我們愚還是他們愚？古今時代不同，不要輕易對古人下斷語。

後來達摩祖師問二祖：你要求什麼？他當時又餓又痛又冷，只說：如何是安心法門?如果是我們就會問:老師,我就是念頭去不掉。二祖遠勝於我們,他已打坐了八年,再加上以前的用功,他不說念頭清淨不清淨,問的是安心不安心,這個問題大了。

《指月錄》是一部大奇書,太好了,但難讀得很,要像看電視劇一樣,活看。這一段描寫二祖向達摩祖師求法時,達摩祖師面壁而坐,待二祖把膀子砍下來時,達摩當然拿藥給他敷,包紮一番。若說絕對不理,那就不叫達摩祖師了,也不是佛法了,這中間細節沒有記載。立雪、砍膀子、求安心法門的時間,並不在一起,各是一回事,書上硬是把這三件事聯在一起。

安心是什麼意思?安的是什麼心?二祖這時膀子也砍了,又冷又餓,他的心當然不安。所以達摩祖師答他:你拿心來,我給你安!這時達摩祖師把印度人的大眼睛一瞪,一把粗鬍子,一定把二祖給嚇住了,這一罵,神光的魂都掉了。不是他膽子小,這個疑問太大,答案又太奇,搞得他心都掉了,魂也飛了。然後他說:「覓心了不可得」,找不出來。達摩祖師說:我已替你安好了,就是如此。

二祖跟了達摩祖師幾年以後，達摩祖師告訴他：「外息諸緣，內心無喘，心如牆壁，可以入道。」走修證的路子，不管大乘、小乘、不管哪一宗，在家、出家，凡是修持的人，非照這幾句話走不可。

「外息諸緣」，外界一切環境都要丟掉，我們學佛修證不成功，就是這一句話做不到。我們的心都是攀緣心，這件事做完了，又去抓那件事，事情永遠做不完，外緣也永遠息不了。

「內心無喘」，就是十念中念安般法門裡頭，做到不呼不吸，進入四禪八定的境界。

「心如牆壁」，內外完全隔絕了，外界任何事情心都動不了，也沒有妄想出現，也無妄念起來。

注意，做到這樣的就「可以入道」了，可以去證悟菩提，可以去證「道」。

達摩祖師告訴二祖這一句話，應該是在問安心法門之前的事。達摩權衡二祖的禪定工夫，再教他禪定的路線。二祖問此心不安，應該是在工夫做到了以後的事。為什麼？假定一個人做到了「外息諸緣，內心無喘，心如牆壁」，敢說自己成佛了嗎？心安了沒有？悟道了嗎？這時究竟什麼是佛？什麼是菩提？還是搞不清。所以此心不得安。

後來二祖傳法給三祖，交付衣鉢以後，比濟顛還有過之，到處吃喝亂逛。像他這樣大名鼎鼎的學者，出家以後專心用功，達摩祖師又付法印給他，等他交出衣鉢後，晚年的生活完全不同，又喝酒，又在花街柳巷到處亂跑。人家問他：你是禪宗祖師，怎麼逛到酒家去了？二祖講了一句話「我自調心，何關汝事。」

問題來了，他求的是安心法門，達摩祖師一接引，把安心法門給他，但是到了晚年他還要去調心，此心尚不得安，可見二祖所講禪宗安心，這個心，到底是個什麼東西，仍是一個大問題。沒有成佛以前，誰的心都不能安，包括羅漢、菩薩，都沒有究竟安心，除了大澈大悟，誰都不能安心。

拿現在學術思想來講，唯心思想與唯物思想，兩者在爭戰。我們曉得心物是一元，究竟心怎麼樣能夠造成物，如果不到成佛的境界，誰都下不了結論。所以，在理上儘管誰都會講，事實上心卻安不下來。

這就是禪宗。從此以後，禪宗事實上幾乎等於沒有了。

我們後世研究禪宗，都注意南宗六祖這一系，不把南北兩宗連起來研究。四祖時，正是唐代要開新紀元的時候，也是玄奘法師到印度留學，快要回來的時候。那時，禪宗還沒有大興盛，仍是單傳，一個人找一個徒弟，來繼續挑這個擔子，使法統不致斷失。到了四祖以下，造就出來不少弟子，後來唐朝幾個大國師，乃至華嚴宗、天台宗的祖師，都是由四祖這個系統下來的，比六祖系統的輩份高。

唯識、法相等經典，經由玄奘法師介紹過來後，佛法的教理更趨完備。後來的臨濟祖師，也是唯識宗的大師，不是光學禪的，曹洞祖師亦然。他們通達各種教理，不像現在我們一般人，不去研究經典教理，只拿個話頭就自以為懂禪了。從前的大祖師們，是在三藏十二部都通澈了以後，再拋棄教理，走簡捷的法門，一門深入。正如《論語》所講的：「博我以文，約我以禮。」由博而約，先博學，待通達以後，再專門走一條路。

到了五祖的階段，就是唐太宗時期，禪宗是單傳，在文化上並沒有占太大分量。不久，天台宗漸漸出頭，當然最普遍的還是教理。接著玄奘法師回來，造成佛法之鼎盛。唐宋時候，第一流人才，第一流頭腦，往往致力佛法。現在第一流的頭腦和人才，都到工商業界去了。所以現在怎麼會有佛法？時代完全相反了。那時學佛學禪是時髦，等於現在研究科學一樣，風氣使然，教理盛極一時。而領導者唐太宗，也非等閒之輩，詩好，字好，文好，武功好，佛學也好，樣樣好，他為玄奘法師所寫的〈聖教序〉，就決非他人所能替代。

禪宗的鼎盛時期是中唐以後，晚唐到五代之間。當時佛學的理論，發展到最高峰，而六祖的禪，剛剛湊上了時代。那時唯識法相、華嚴，各種佛學的理論普及於社會，差不多讀過書的人，都會談幾句佛法。這時，小乘的修持已經看不上了，都走大乘的修持方法，但又找不出一個路子；於是達摩祖師所傳的禪宗心印，直指人心、見性成佛的法門，到了五祖、六祖時，即應運而出。

達摩祖師初傳的修持方法，理論上教大家注意《楞伽經》。到五祖時改變了，因為《楞伽經》的學理太高深了，為了容易證入這個法門，改用《金剛經》。其實在四祖時已經開始了這個方法，到了五祖、六祖更盛而已。《金剛經》講性空之理，非常簡化。這時佛學的理論，似乎走到金字塔最高峰，鑽不出來了，如何與身心平實地打成一體；如何立刻求證，反而成為很難的事。因為依照教理來講，一個凡夫想要成佛，須經三大阿僧祇劫，遙遙無期，怎麼修證呢？

大乘經典一流行，覺得小乘法門不足為道。而禪宗的直指人心、見性成佛，更迎合了時代的需求，到了六祖時代達到了巔峰。

六祖的禪宗，從南方廣東開始。那時的南方，是文化落後地區，而佛教鼎盛，原本是在中原。大國師、大法師們，都在中原地區西安、洛陽一帶。六祖在落後的南方，因為用口語來傳佈佛法，就很容易普遍流行起來。

仔細研究《壇經》，六祖還是很注重「行」，仍是從「行」門而入。不幸的是，自從《六祖壇經》，與大珠和尚《頓悟入道要門論》等流通了以後，佛學與禪就完了。大家都曉得心即是佛，可是怎麼樣是「心」呢？都沒有著落。所以有些人不信宗教，以為自己雖沒有做好事，但對得起良心，就是佛了。至於「心」是什麼？就不管了。毛病就出在這裡，所以這次講課，不包括《六祖壇經》在內，但可作為參考。

因為這個「心即是佛」的流弊，而產生了宋代理學的發達。理學家所表達的，倒是一副禪宗的姿態，是從「行」門來的禪宗，而其講人天之道的行持，又等於佛家的律宗。唐宋以後老莊思想的道家，則等於佛家的禪宗，是解脫路線的禪宗。這三家的相互關係，極為微妙。

直指人心，見性成佛的理，越說得明，佛學則越加暗淡，修證工夫越發沒有著落。其實，大而無當，還不如修止觀，作觀心法門，還可能拿到半個果位。走小乘到底還可以求證，大乘菩提則另當別論。

再說，禪宗提倡了《金剛經》以後，因為《金剛經》講性空，容易導致狂禪，理解上雖很容易通，但對求證則沒有幫助。

禪宗的書，以《指月錄》為最好，它集中了禪宗各種書籍的要點，包括了見地、修證、行願。我在台出版《指月錄》時，因銷售不佳，只好論斤賣給屠宰業，用來包豬肉，這是另一段插曲。真要研究禪宗，把《指月錄》搞通就夠了，不過教理要熟，而且要有修證的底子，不然很多地方就看不通。

後世一提禪宗，就是參話頭。其實，禪宗真正注重的是見地。比如溈仰宗的仰山禪師，被稱作中國佛教的小釋迦，他是晚唐、五代時人。《指月錄》記載：「有梵僧從空而至，師曰：近離甚處？曰：西天。」又此梵僧說：「特來東土禮文殊，卻遇小釋迦。」於是送了仰山禪師一些梵書（貝多葉），向仰山作禮後乘空而去。從此以後，大家就稱他「小釋迦」。從空而來請益的西天羅漢，不只一次，因有門人見到追問才知。

仰山跟隨溈山參學時，有一天，師父問徒弟說：《涅槃經》四十卷，多少是佛說，多少是魔說？仰山說：師父啊！我看都是魔說的。溈山聽了很高興說：「已後無人奈子何。」仰山又問師父：「慧寂即一期之事，行履在甚麼處？」意思是——我話雖說得對，此心還是不安；一期之事我是知道了，見地上我到了，境界也有一點，但是，什麼是我的「行履」呢？

行履包括心理的行為，作人做事的起心動念，履字也包括工夫。溈山回答他一句名言：「只貴子眼正，不說子行履。」換句話說，只要你見地對了，不問下面的修證工夫，因為見地對了，修證一定會上路的。就怕我們見地錯了，工夫再做得好，行履也是錯。

因此，後世誤傳為禪宗注重見地，不重工夫。其實每個祖師都是見地、修證、行願等持，差一點都不行。溈山的這句話，是天才的師父，對天才的徒弟說的，我們並不是仰山，這話對我們不一定適用。

後世學禪宗，大多是在六祖、馬祖、二祖等幾個前面逛一下，對後來的五大宗，諸如臨濟、溈仰、曹洞、雲門、法眼等，都不曾研究過，這樣哪能算是學禪呢？

比如臨濟的宗旨，講「三玄三要」、「四料簡」，這是教育法，也包括了見地、修證、行願。臨濟說：「我一語中具三玄門，一玄門中具三要義。」例如「茶」一字中，具三玄門，一玄門中又有三要義，不是光講理論。又如大慧杲一句話下面，作四十九個轉語。

「四料簡」，料是材料，簡是選擇。四料簡有賓主，有方法。但古人不講這個方法，而要靠自己去悟；如果講明了方法，呆板的一傳，大家就執著了。眾生本來的執著已解脫不了，再加上方法的執著，非下地獄不可。

四料簡中，什麼是賓？什麼是主？比如一香板打下去，啪一聲，香板下面什麼都沒有——念頭一板子空了，沒有了，如果能永遠保持這樣就不錯。用香板的方法，一語道破，那就是「吹湯見米」，知者一笑，這是騙人的玩意兒。但也不騙人，把我們的意識妄想，用一個外力截斷，使我們經驗到達平常沒有經驗過的清淨。如果以為這就是明心見性，那就大錯特錯了。但由這點影子也可以悟進去，這時要用般若，香板那一拍裡頭，透脫一悟，那叫禪。這就是臨濟的四料簡——有時「奪人不奪境」，工夫到了清淨的境界。有時「奪境不奪人」，工夫進步了一點，希望你再進一步，那個境界不是的，把它拿掉，你還是你，叫我們自己去參究。有時「人境兩俱奪」，把你搞得哪一頭都不是。但是，這個方法不能用，正如禪宗古德所說的，如果真提持禪宗，旁邊半個人都不跟了，法堂前草深三尺，沒有一個人來。

我在峨嵋山曾用人境俱奪，接引過一個出家人，一腳把他踢昏了，躺在那裡不動，醒來後，叩了三個頭，高興地跳起來走，從此居山頂，住茅蓬去了。

也有時候「人境俱不奪」。

臨濟禪師並不只講教育法，做工夫也在這裡頭。有時候工夫做得好，心裡什麼雜念也沒有，清清明明，空空洞洞，那個是「奪人不奪境」。你還是你，坐在那兒，不過心裡空空洞洞，這是第六意識的境界。奪人，人不動；不奪境，有一個境界。當然這境界還是會變，為什麼？因為它是賓，不是主，客人不會常住的，怎麼不變？這就是禪宗的祕密。但我們初步，必須讓賓作主，讓這個境界保留越久越好，只是不易做到。

「奪境不奪人」，這就難了。我可以大膽地說，在座沒有人能做到，因為見地還沒有到，所以修持、行願也都不到。

有人問，本來清清明明的，這兩天卻靜不下去了。我說學禪為什麼不自己去參究呢？此時，奪境，境沒有了；不奪人，人依然在這兒。是賓？是主？是賓中主？還是主中賓？主中主？或是賓中賓？

有時用調息，有時看光，法寶多得很，祖師們在書中都教了，不懂可以問我，高段的教法不懂，要作落草之談，循序以進。

作氣功、修定，就是讓賓作主。四大不調，身體不好，氣脈是賓，讓身體搖搖。如果強作克制，對健康並不好；等身體調好了，賓就可以不用了，由主來作主。

念頭也是如此，有時降伏不了，就念念佛，再沒有辦法，就唱個歌吧！調心就是如此，此心很難調伏的。有時工夫剛剛好一點，接下來情緒便壞得很，這時只有讓賓作主了，主人家暫時搬位。

有些人學佛做工夫，充滿了矛盾，氣脈來了，怕執著，所以想把它空掉；氣脈沒有了，又想打通任督二脈。光明發現了，怕著魔；沒有光明嘛，又想：怎麼一片無明呢？等到空的時候，又想：我恐怕又落頑空了吧？放心，你儘管頑空，我幾十年來還沒有看到過能頑空的人。頑空者，頑石不靈，什麼都不知道。

就這樣，處處矛盾，沒有辦法。氣脈來，乾脆搞你的氣脈，賓作主，沒有錯。氣脈來時，每個部位都是痛苦的。痛就痛嘛！這是你的，是客人的，不是我的，這時我不作主，讓賓作主。你越看它，這個身體就像小孩一樣，「孩子看到娘，無事哭三場」，越管它，它就痛得厲害。你不管它，它就乖了，真做得到，一下就成了。可是人就是不行，氣脈一來，總愛去引導它，都在色陰區宇裡頭轉，道理都講得很好，事情一來就統統迷糊了。

參話頭是沒辦法中想出來的辦法，那不是禪。還有「默照」，閉起眼睛，看著念頭，心裡很清淨地坐一下，宋朝大慧杲罵這是邪禪。《楞嚴經》上有句話：「內守幽閒，猶為法塵分別影事。」因為沒有明理，以菩提大道來講，當然是邪禪；明了理，悟了道的人，默照也是禪。這是臨濟禪師的照用，同時是照也是用，但是一般人不知道，光是靜默地守在那裡，這種默照就成了邪禪。

仰山問：「如何是真佛住處？」溈曰：「以思無思之妙，反思靈燄之無窮，思盡還源，性相常住，事理不二，真佛如如。」

仰山在這個時候，才大澈大悟，溈山可沒給他一個耳光，或者踢一腿，而只是跟他講道理。

「以思無思」，禪宗叫作參，佛教稱思惟修，把理窮通透頂，到達無思之妙。這時那個能思、能覺的功能起來了，各種神通妙用，也就都起來了。「思盡還源」，心意識思想的作用，退到那個本來去了，「性相常住」，然後性相現前，宇宙萬有的現象，都擺在本位上，沒有動過。「事理不二」，工夫就是理，理就是工夫，這時「真佛如如」，就同佛的境界。

仰山因為師父這幾句話，他就悟了，悟後執侍服勤十五年。十五年中隨時隨地在追問師父修行的經驗，隨時在求證。十五年後，再去傳教，作大方丈。

為何這幾句話能使仰山大澈大悟？我們自比仰山，體會看看。

第十二講

內容提要

參話頭
觀心法門
三際托空
再說臨濟四料簡
永嘉說三身
禪與《指月錄》
生死問題
溈仰的對答
夾山悟道

上次談到，一般人提起禪宗，就提到參話頭。其實，參話頭是禪宗發展到宋元之際，不得已而產生的一個辦法。怎麼叫不得已呢？因為唐宋以後，走修持路線的人，能真正證果的，實在太少了，主要原因就是禪宗的流行。尤其到了宋元以後，口頭禪太多，嘴上講道理個個會，打機鋒，說轉語，個個行，但是離禪卻越來越遠，因此產生了參話頭。

所謂話頭就是問題、疑問。比如「生從哪裡來，死向何處去？」「父母未生我前，我在哪裡？」「狗子還有佛性也無？」「什麼叫佛？」雲門祖師答曰：「乾狗屎。」為何雲門祖師這麼說？又比如：「無夢無想時，主人公何在？」你說：「我睡著了。」那麼，睡著時，你在哪裡？這時如果有人一刀把你殺死，你到哪裡去了？

這些問題分成兩種，一種是「有義語」，有道理可解釋的；一種是「無義語」，沒有道理可解釋的。參話頭是拿你平生最懷疑的問題來參究，不要管佛學字面上的解釋。這也就是止觀法門，但比普通的止觀好，因為所有的懷疑集中到一點，什麼妄想都起不來，一個問題沒有解決，其他都解決不了。

在過去禪堂裡，有些人參話頭如瘋了一樣，參到什麼都不知道，什麼妄想雜念都沒有了，專一話題，就是止。等碰到一個機會，突然打開了以後，這個問題整個解決，這就是觀。

但參話頭流行了以後，禪宗就更衰落了。當年在大陸，因參話頭而得神經病的很多。現代人腦筋太複雜，問題已經太多了，若再加上參話頭這樁事，不瘋才怪！

真正的禪宗很簡單，五代以前的祖師，就是用「直指人心，見性成佛」作為觀心的方法，人人做得到。初步先曉得人有思想、有念頭，比如別人講話，我們聽到話，這是一個觀念，一個念頭，這個念頭隨著別人的話講過了，我們聽的作用也過去了。

我們靜坐時觀心，這個「心」，不是明心見性的心，這個心代表思想，以及煩惱的念頭，這個念頭一來，比如：阿福下午要來看我，三點鐘來，我準備請他上咖啡館。這樣正是三、四個念頭過去了。算了，請他喝杯茶就可以了，或者吃一碗擔擔麵。不來最好了，太麻煩了，我又沒有錢……念頭一個個跳來跳去，這個心就是這個樣子。

我們要看清楚，當前面一個念頭跑掉，而後面一個念頭還沒來時，中間有段空空洞洞的，保持中間這個空，就叫觀心法門，這樣就先做到了第一步。

念頭是生滅法，佛經上說：「諸行無常，是生滅法，生滅滅已，寂滅為樂。」一行就是一切作為，心裡的作用也是行。大家打起坐來，收攝六根，觀察這個念頭，不要壓制它，也不要做工夫，只看到這個念頭過去了。比如唸南無阿彌陀佛，一聲南無阿彌陀佛，它不會停留住，念念遷流。前一個念頭流走了，後一個念頭還沒有來以前，這個中間就是「現在念」，現在念本來沒有，清清淨淨，能夠這樣，越持久越好。拿教理來講，就是觀空法門。

中間這一段空，天台宗及禪宗，稱其為三際托空。前際的念頭過去，後際的念頭沒有來。現在這個念頭，當下是空的。比如我們講「現在」，立刻過去了，沒有了，當下就空了。《金剛經》上說：「過去心不可得，現在心不可得，未來心不可得。」中間是空的，如果講一個中際，立刻又落入一個前際。

學佛走的路子有兩個：一是加，一是減。使你空掉就是減，其他宗的修法，如密宗修法都是加。密宗修法時，自己前面擺供燈，還有香花啦、水啦、果啦，一天忙到晚。然後戴上帽子，穿上法衣，坐在那裡觀想佛像，嘴裡又念咒，手上搖鈴，握杵，放下來又結手印，搞了半天，一身大汗，三個鐘頭過去了，然後放下休息。

密宗的修持方法很多，想發財，有財神法；要升官，有升官法；要兒子，有送子法；要早點死，有頗哇法。給你加上半天，加累了，只好休息，還是三際托空。

現代人心太複雜，空不掉，只好用加法，加到你挑不動了，只好放下，就成功了，就是這個道理。

禪宗既不給你加，也不給你減。要我們看清楚這個心念，本來空的，還要找什麼！何必要找個明心見性呢！我們本來就很明的，因為有個佛法，反而把我們弄得不明了，不要找，放下來就是了，很簡單，很自然。

三際托空就是禪嗎？不是的。什麼道理？因為這時只是意識狀態把它空掉。其實只要上座以後，大聲地「呸！」一聲，就沒有了，空了，這是密宗的大法門。我當年學這一聲呸，花了十幾萬塊，方法是：第一步先坐好，端正、調息，「呸」一聲，完了。

當然我們不行，呸一下，只是幾秒鐘沒有念頭，過後念頭又來了，來了再呸！後來就不行了，再呸也趕不走了，這就是凡夫。世人愛假不愛真，「莫將容易得，便作等閒看」。

上面這個道理，就是：「應無所住而生其心」，六祖因這句話而悟道。舉個例子：我們聽到別人講話，心不是生了嗎？話聽完了，我們的心也就丟開了，「本來無所住而生其心」嘛，何必守個心呢！

如果能做到念念看清楚就行了，不須修個什麼氣功，打個什麼坐，求個什麼道。有本事的人就那麼信，沒有本事再來！初步能保持三際托空的境界就好了。

《指月錄・卷七》記載，有位樓子和尚，有一天從歌樓下走過，聽到樓上有人唱歌聲道：「你既無心，我也休。」當時他正在繫鞋帶，聽到這句歌聲，就悟了。悟了什麼？我們本來無心，每一句話講過了，都沒有留在那裡，你既無心，我便休，算了！也是空的道理。

三際托空雖然還沒到家，但將三際截斷，一直保持下去，也幾乎沒有人能做到。原因是對「能」與「所」，認識不清楚，這個問題，以後介紹唯識時再談。

其次關於參話頭的問題，這個時代，參話頭實在不合適，還是走觀心法門，比較平實、容易。要用參話頭的方法，不如修止觀、修定。其實悟後的人，沒有悟的人，都可以起修，這個問題，到作結論時，會告訴大家。

不過，參話頭也有參話頭的好處，以前我的老師袁煥仙先生，在四川閉關時，與我談到這個問題。他說當時打七的人真可憐，禪堂中一百多人，打一百天禪七，三個多月不能說話，同時也沒什麼道理可聽，真不得了。而後我的老師給我看幾首「香艷體」的詩，說念佛參禪照這個方法講最好，其中一首是：

漫言楚漢事由天　兒戲功名本偶然
且付河山鞍轡外　一鞭紅照出風前

學佛用功，要有皇帝都不當、天下都可丟的氣派。學佛的人口口談空，步步行有，名、利、兒女、妻子，一切都要，一個都丟不開。「一鞭紅照」，是學釋迦牟尼佛半夜偷走，騎匹馬去出家的行徑。

去馬聲從竹外過　誰家紅粉照顏酡
傳車幾度呼難去　絕妙相關你我他

這就是艷體詩，描寫有家小姐非常漂亮，把人迷住了，站在那裡傻了——形容參話頭，真用功到了「絕妙相關你我他」就好了。「你」就是話頭，或者一句阿彌陀佛，「我」坐在這裡，「他」妄念又來了。說不打坐嘛，覺得蠻有味道，實在有一點影子，有一點工夫來了。說入定嘛，定不下去。那麼不定下去，不修好了，不修又捨不得，是有一點影子。可是修嘛，妄念又截不斷——「絕妙相關你我他」，怎麼辦？

我們都在這裡頭轉，不一定是男女之間，世間的事總丟不開。再過兩年、三年，兒女就安排好了，再來修吧！這也是「絕妙相關你我他」。丟嘛丟不掉，道理上曉得應該丟，要走了，後面也在叫：起駕了。有些人學佛，愛到處聽課，叫他好好用功嘛，又不上路，也是「絕妙相關你我他」。

肩輿排共柳溪東　劍影釵光亂夕紅
多少遊絲羈不住　捲簾人在畫圖中

三際托空也是這個境界，這時所有的妄念跑來跑去，留不住了。當時好像是悟了，又沒澈底；不悟嘛，的確有點味道。就像我們把窗簾拉起來，只能看到那邊的人影，看不到真人。說沒有，是他，但是你又把捉不住，「捲簾人在畫圖中」。

參話頭能到達這樣是初步，但仍屬於意識狀態。為什麼？因為還有一個「你」，你曉得身體坐在這裡，身體就是一念，五陰都是一念，你能夠了意識的這一面，三際托空清淨，但是你的感受狀態還在，解脫不了。

什麼氣脈流通啦，河車在轉啦，就是感覺狀態在自我搗鬼，沒有把五陰一念空掉。

有許多人修到很清淨，但身體一身是病，說他沒有工夫嘛，很定，心裡空空洞洞，但幾十年連病都轉不了。真到臨死時，那一念空不了，就跟著昏沉下去，那麼他所得的一念清淨，老實說是唯物的，是隨著身體健康來的。這樣靠得住嗎？不可能。

上次大略講到臨濟禪師的四料簡，現在再加以說明。臨濟禪師的四料簡，是教育方法，也是我們用功和瞭解自己的方法，同時是告訴我們三乘——聲聞、緣覺、菩薩道的修持方法。

「至晚小參曰：有時奪人不奪境，有時奪境不奪人，有時人境兩俱奪，有時人境俱不奪。克符問：如何是奪人不奪境？」

克符是輔助臨濟開宗的，臨濟當時只有三十幾歲，不敢開宗。黃檗說：你去，自有人幫忙。一個克符，一個普化和尚，都是臨濟的老前輩，都是悟了道的。

這兩個老前輩給他當輔導，故意問錯話，臨濟棒子就打過去了，兩人乖乖地挨打，大家一看，兩個有道的人都聽他的，自然沒有話說，這樣就把臨濟給捧出來了。所以，學問道德高，沒人捧還是沒有辦法，矮子是要人抬轎子的。

克符看這一班人不吭一聲，就只好故意問了：「如何是奪人不奪境？」

「師曰：煦日發生鋪地錦，嬰兒垂髮白如絲。」這是當時的教育，出口成詩，在當時還算是白話的。什麼叫奪人不奪境？比如「呸」的一聲，三際托空，作得好的人，身體都忘了，很清淨地在那裡。我們當中也有些人，瞎貓撞到死老鼠。這堂課是講給有這種經驗的人聽的，這是四加行裡頭比較中心的。人忘了，境界還是有，工夫真做到這樣，不論是道家、淨土、禪宗都不容易。

這個奪人的境界，如春天的太陽，照在萬物上，生機蓬勃。人的外形儘管有衰老，自性的清明卻沒有動過，永遠保持這個境界，這是奪人不奪境。由凡夫到小乘定的境界，守住一個空，形體儘管變動。這個東西沒有變。

「符曰：如何是奪境不奪人？師曰：王令已行天下徧，將軍塞外絕煙塵。」境界沒有了，我還是我，山還是山，水還是水，這時心中沒有煩惱、沒有妄念，即百丈禪師說的：「靈光獨耀，迥脫根塵。」自性本性，清明自在，一個命令下去，整個天下太平。心裡頭沒有戰亂，沒有念頭，但是我還是我，沒有境界。這時才真算有點入門的樣子。

「符曰：如何是人境俱奪？師曰：并汾絕信，獨處一方。」每句話都答得很夠文學氣味。時當晚唐、五代，軍閥割據，山西、河北各據一方，彼此交通封鎖，不相往來，內外隔絕了。各人獨霸一方，也就是小乘羅漢境界，只守著一個空，如達摩祖師告訴二祖：「外息諸緣，內心無喘，心如牆壁，可以入道。」這是人境兩俱奪。

「符曰：如何是人境俱不奪？師曰：王登寶殿，野老謳歌。」我還是我。像我們，學了幾十年佛，搞了半天，一點境界都沒有，這也是人境俱不奪。可見臨濟禪師的這個人境俱不奪，不是凡夫境界，而是佛，是大澈大悟，一切眾生本來是佛，一切現成，不要修的。

臨濟禪師的日常教育法，也不外這四句的範圍。有時某人學問特別好，到他那兒，他卻說：「不是的。」把你駁得一點理由都沒有，使你覺得很窩囊，這就是奪境不奪人。

有時又說你學問蠻好，可惜工夫沒有到，還是挨罵，這也是奪境不奪人。

有時兩樣都不是，搞得你沒路走，人境兩俱奪。

有時揍你一頓，人境俱不奪。

臨濟宗的教育方法，靈活而不固定。

我特別要提醒大家，禪宗是有流弊的，所以大家要同時參考天台宗的修持方法，以及密宗黃教宗喀巴大師著的《菩提道次第廣論》，還有永嘉禪師的《永嘉禪宗集》。

這位永嘉禪師，把天台宗與禪宗的精華加以綜合，明白的指出，由凡夫到成佛，一定要修到「三身成就」——法身、報身、化身圓滿。

證得法身，有斷德，能斷除一切煩惱、一切習氣。

報身也叫自受用身，自己受用。比如我們有一個身體在，是因法身的無明而轉化所生，是報身。如果悟了道，修成功了，就轉成自受用身。自己具有五種神通，智慧圓滿，有五種妙用。有智德，有大智慧福報。

化身是他化二身，為一切眾生化身千百億，教化度人。他化二身有大恩德，大慈大悲。

永嘉禪師又說：

法身不癡即般若，般若無著即解脫，解脫寂滅即法身。

般若無著即解脫，解脫寂滅即法身，法身不癡即般若。

解脫寂滅即法身，法身不癡即般若，般若無著即解脫。

當我們修證法身時，要注意，不要癡迷，許多人執著空的境界，人我皆空一直定下去，往往會貪戀其中。憨山大師講：「荊棘林中下腳易，月明簾下轉身難。」在清淨境界裡，做不到轉身入世。所以做到法身不癡，就是般若，是大智慧。

永嘉禪師在《永嘉禪宗集》中，分十章來敘述見地、工夫與行願，其中的〈簡示偏圓第八〉，及〈正修止觀第九〉兩篇，尤其須仔細研究。

《指月錄・卷六》，圭峰禪師作〈禪源諸詮集都序〉曰：「禪是天竺之語，具云禪那，此云為思惟修，亦云靜慮，皆定慧之通稱也。源者，是一切眾生本覺真性，亦名佛性，亦名心地。悟之名慧，修之名定，定慧通明為禪。此性是禪之本源，故云禪源，亦名禪那。理行者，此之本源是禪理，忘情契之是禪行，故云理行。然今所述諸家述作，多譚禪理，少說禪行，故且以禪源題之。」

懂得這個道理叫「禪理」。「忘情」是沒有妄念，沒有煩惱，心空了。

情代表情緒、妄想、妄念等等。「契之」是證入。

唐末禪宗的情況，已流於多說禪理，少說禪行的趨勢，所以今天隨便講禪宗，那更不是禪了。自唐宋以後，毛病已出來了，圭峰禪師看不下去，才作《禪源》這本書。

「今時有人，但目真性為禪者，是不達理行之旨，又不辨華竺之音也。然非離真性別有禪體，但眾生迷真合塵，即名散亂。背塵合真，方名禪定。若直論本性，即非真非妄，無背無合，無定無亂，誰言禪乎？」

有些人只曉得明心見性的道理，卻根本不懂這個道理是要實證的。

在《指月錄》這本書中，記載古代禪德，如何見道，如何修持做工夫，如何行願，統統講了。前人留給我們的法寶太多，只是我們自己沒有用功，沒有去看，更沒有去研究，自己智慧沒有開發，所以看不出寶藏嵌在泥巴牆壁上。每個有成就的人都很慈悲，把東西留下來給我們，希望能幫助我們學有成果。

古人觀心的路線，所謂三際托空，是很簡單的。打坐時，什麼工夫都不要用，只要能夠在前念過去，後念未起時，保持中間這一段空，就行了。由這個起修，自然會了解釋迦拈花，迦葉微笑的公案。若做不到，就假裝中間這一念空了也可以。這一點假裝就是種子，由這個種子自然會開花，會結果。這幾句話很重要，很重要。

《指月錄・卷一》：「世尊在靈山會上，拈花示眾，是時眾皆默然，唯迦葉尊者破顏微笑。世尊曰：吾有正法眼藏，涅槃妙心，實相無相，微妙法門，不立文字，教外別傳，付囑摩訶迦葉。」

佛說的話中，包括了見地、修證、行願。「正法眼藏」這句話，可以參考夾山說的：「目前無法，意在目前，不是目前法，非耳目之所到。」見地、修證、行願，也都在裡頭。所以夾山的弟子洛浦說，先師意，簡直沒有人知道啊！

前面提到，心境如果能做到三際托空，永遠保持如此，奪人不奪境——人空境不空，就可以證果，也可以發神通，還可以了分段生死。當然變易生死仍未了，這一段須特別注意。小乘可了分段生死，不能了變易生死。再進一步的人，可以了分段生死和變易生死，而大生死——根本無明，並沒有破。

生死要如何了呢？《指月錄・卷二》：「文殊問庵提遮女曰：生以何為義？女曰：生以不生生為生義。殊曰：如何是生以不生生為生義？女曰：若能明知地水火風四緣，未嘗自得有所和合，而能隨其所宜，是為生義。

殊曰：死以何為義？女曰：死以不死死為死義。殊曰：如何是死以不死死為死義？女曰：若能明知地水火風四緣，未嘗自得有所離散，而能隨其所宜，是為死義。」

我們的生命是怎麼來的？第一個生命怎麼來的？由無始而來。無始以前，為什麼要來？——不生而生，生而不生，是生的道理。

我們的身體是四大合攏來，搭成了一個房子，雖然這四樣東西和合，變成一個身體，地還是地，水還是水，火、風還是火、風，各不相涉，各安本位。「而能隨其所宜」，還是相互配合，合攏來，構成了這個生命現象。

唯心、唯物的關係都在這裡，這四大，我們看它是結合的，事實上並沒有和合。說無所合，又能隨其所宜，就是《楞嚴經》上：「清淨本然，周徧法界，隨眾生心，應所知量，循業發現。」不要只研究佛學，要把這個理拿到自己身上來用功，來求證。若平時只曉得打坐，守著一個境界，瞎貓守到死老鼠，永遠是隻瞎貓，要參：「未嘗自得有所和合，而能隨其所宜」，也是生從哪裡來的道理。

「死以不死死為死義」，你認為死了？世界上誰沒有死，死而不死。我們看到人死了，骨頭也散了，實際上它們還是各安本位，而能隨其所宜。

「庵提遮女問文殊曰：明知生是不生之理，為何卻被生死之所流轉？殊曰：其力未充。」

庵提遮女問文殊：我早就悟到了生死之理，卻還被生死的力量帶著。等於我們說：我明知道空，就是空不了，妄念就是去不掉，明知道這個，卻沒有用。

為什麼被生死所流轉呢？現在有個人出來安慰我們。文殊說：不要難過，你那個東西還是對的，不過練習得還沒純熟，力量還沒擴充，所以仍被生死所轉。也就是修定的工夫未到。這裡全講工夫，工夫不到不行。若能把身體解脫，要走便走，理論上可以做到，可是我們做不到，因為「其力未充」。這個「力」，包括見地、智慧之力，以及修定工夫之力，這點很重要。

講到「行」門，學佛的行最重要。包括外在的行為及心理的思想、觀念種種。

溈山禪師有兩句名言：「實際理地不著（受）一塵，萬行門中不捨一法。」我們一念放下，無所謂善、惡，無所謂是、非。善法不是，佛法也不是。就是六祖所說：

菩提本無樹　明鏡亦非台

本來無一物　何處惹塵埃

萬行門中不捨一法是菩薩戒，菩薩起心動念之萬行，心念一動，說善的就向善的做，不捨一法。

我當年去看傳鉢老和尚，這個老和尚與虛雲、能緣為當年大陸的禪宗三大師。我一到，老和尚趕緊煽風爐，燒茶。我說：師父啊！不敢當，不要燒水了。老和尚說：你不懂，你們是客人，我是主人，萬行門中不捨一法，理當給你們燒水。這是老一輩的行徑，每一點都要注意到。

禪宗裡頭的行願、見地、修證工夫，三者不可缺一。拿教理來講：行願是功德，功德不圓滿，智慧不會成就。換句話說：智慧不成功，就是功德不圓滿。

《指月錄・卷十二》，溈山謂仰山曰：「汝須獨自迴光返照，別人不知汝解處，汝試將實解獻老僧看。」

這是講工夫，也是講見地，與正法眼藏有關，達摩祖師的「一念回機」，也與它有關係。

我們打起坐來，眼睛一閉，眼光隨之落深坑了，和死了差不多。怎麼樣叫迴光返照呢？與道家的內視，長生久視之道相同，不能迴光返照，工夫走不上路。所以溈山讓仰山說一說他最近用功所達到的程度。

「仰曰：若教某甲自看，到這裡無圓位，亦無一物一解得獻和尚。師云：無圓位處，原是汝作解處，未離心境在。」

你真到了無圓位、無所在、無所不在，這就是見解了。

「未離心境在」，是指還是在心意識的境界上，沒有澈底的空。注意這句話！你縱然達到了此心空空洞洞，不在身內，也不在身外，無所住，也仍未離開心境。

「仰曰：既無圓位，何處有法，把何物作境？」

既然無圓位，哪裡還有一個境界呢？

「師曰：適來是汝作與麼解，是否？仰曰：是。師云：若恁麼是具足心境法，未脫我所心在，元來有解獻我。許汝信位顯，人位隱在。」

你既然有這個理解，就未脫「能」、「所」。不過，溈山鼓勵他，能到你這個境界，也不容易了。以教理言，十信、十住、十行十迴向、十地等菩薩五十五位中，地前菩薩十信之位，信得過自己，可以說已在凡夫裡頭跳出一層，但還未入道。

《指月錄．卷十二》，夾山悟道因緣：

當年道吾、雲巖與船子德誠三人，離開師父藥山，各自開山當大和尚，唯獨船子德誠幫人划船，不當大禪師。不過他對兩人說：「他日後，知我所止之處，若遇靈利座主，指一人來，或堪雕琢，將授生平所得，以報先師之恩。」

那時的夾山，已經是一位大法師，道吾來接引他，故意在下面聽經。有個出家人提出問題問夾山，「如何是法身？」夾山答：「法身無相。」「如何是法眼？」夾山答：「法眼無瑕。」回答得很好，可是後面有個和尚噗哧一笑，這個和尚就是道吾。夾山很謙虛地下座問那個和尚：「某甲適來祇對這僧話，必有不是，致令上座失笑，望上座不吝慈悲。」道吾和尚說：「和尚一等是出世，未有師在。」也就是說，你錯倒沒錯，就是沒好老師教過。夾山又追問：「某甲甚處不是，望為說破。吾曰：某甲終不說，請和尚卻往華亭船子處去。」也就是說，我不說破，你自己去找船子德誠和尚。夾山理是對了，但是並沒有證到。於是便請教道吾說：「此人如何？」道吾說：「此人上無片瓦，下無卓錐，和尚若去，須易服而往。」夾山當時架子大得很，聲望很高，排場很大，所以道吾禪師告訴他，這樣去怎麼行？你規規矩矩去見他，把你的聲望、地位都拿掉，尤其不能擺大法師的架子。注意！此處就是見地、修證、行願。於是「山乃散眾束裝，直造華亭」。船子德誠才見，便問：「大德住甚麼寺？」山曰：「寺即不住，住即不似。」佛法本來無住，無相的，如住在一個境界，當然不是道了。

「師曰：不似似個甚麼？山曰：不是目前法。師曰：甚處學得來？」你這些滑頭話，是從哪兒學來的？

「山曰：非耳目之所到。」等於反擊老和尚，你不要認為高明，也許你還不懂我呢！

「師曰：一句合頭語，萬劫繫驢橛。」

這句話後來成了名言，意思是說，一個人講那樣肯定的話下去，就是笨蛋了，等於一個木樁打了下去，所有的牛、馬的繩子，都拴在上面了。換句話說，你那還是執著了法，你不要在口頭上玩花樣。這話一講，夾山愣住了。

「師又問：垂絲千尺，意在深潭，離鉤三寸，子何不道？」

文字真美，不是後來的人編的，他們的學問都很好，這是在講工夫，當我們用功時，那個念頭空了一點，說空了嘛，它還在，說在嘛，又覺得坐得蠻好。「絕妙相關你我他」，「多少遊絲羈不住，捲簾人在畫圖中。」

夾山被他東一撥，西一撥，到達那個境界，站在那裡不動了。船子德誠說，像釣魚一樣，放那麼長的線下去，現在就差那麼一點點了。也就是說，你下了這麼多的工夫，你想悟道，現在差不多了，你怎麼不說話？

「山擬開口，被師一橈，打落水中，山纔上船」，夾山正準備開口，想說佛經上說如何……一語未出，砰的一聲，被船子和尚用槳打落水中去了。人一掉下水裡，會拚命往有亮光的地方鑽，夾山可能懂水性，不向亮處沉，冒上來了，頭剛一冒上來，「師又曰：道！道！山擬開口，師又打。山豁然大悟，乃點頭三下。」

試想一個人一肚子學問，站在他旁邊，跟他對答，突然啪嗒把他打到水中，等他掙扎了半天冒上來，這一下學問到哪裡去了？早到九霄雲外去了，什麼妄念都清淨了，船子德誠禪師，就用這個辦法對付他。

佛學三藏十二部，唯識、真如、般若，夾山禪師什麼都會，都清楚得很，非要把他這些都打掉，打到水裡去了，連呼吸也來不及，思想也來不及，等他冒上頭來，你說！你說！他要講般若啊！船子德誠禪師又把他打下去了，再冒上來時，他說不出來了，這下悟了。悟了以後，怕師父再打他，來不及說，趕快點頭三下，表示我懂了，你別再打我了。

「師曰：竿頭絲線從君弄，不犯清波意自殊。」

像釣魚一樣，把絲線放下去，這根絲從君弄，等於我們打坐、做工夫，煉氣功也好，念佛也好，空也好，「不犯清波意自殊」，你怕什麼妄念，妄念來不相干啊！不去理它，不是很好嗎？我在念佛，也曉得妄念的存在，那個妄念碰不掉這個佛，不用怕。如果怕的話，那是所謂的顛倒嘛！既然是凡夫，當然有妄念，但何必怕它、理它呢！妄念會慢慢下去的，習氣會慢慢沒有的。

夾山於是說：「抛綸擲釣，師意如何？」

假如不要釣魚竿和絲線，都丟掉，又如何呢？剛才船子德誠禪師，告訴他用功的方法，還有一條釣絲在那裡。

「師曰：絲懸綠水，浮定有無之意。」

丟掉蠻好的，你說空也不對，有也不是。非空非有，任運自在。絲在水面漂浮，業力習氣都轉薄了。

夾山禪師懂了，曰：「語帶玄而無路，舌頭談而不談。」你說了等於沒說，即空即有，即有即空。

船子德誠高興了，說：「釣盡江波，金鱗始遇。」山乃掩耳。

我在這裡幾十年，天天駕度船，想度個人，一直沒有人給我度，今天總算釣到大魚了。師父捧的話，夾山不聽，蒙起耳朵。

「師曰：如是，如是。遂囑曰：汝向去直須藏身處沒蹤跡，沒蹤跡處莫藏身。」

妙極了的雙關語。因為夾山禪師名氣太大，所以吩咐他，此去要隱姓埋名，躲起來，不要讓人知道。接著說，心境完全住在空裡頭也不對。

「吾三十年在藥山，祇明斯事，汝今已得。他後莫住城隍聚落，但向深山裡钁頭邊，覓取一個半個接續，無令斷絕。山乃辭行，頻頻回顧。」

夾山禪師背個包袱，大概身上的水還沒有乾，走兩步就回頭看看，一方面捨不得師父；一方面心中想：難道佛法就是這樣啊？貪瞋癡慢「疑」嘛！船子德誠禪師站在船頭一看，就大聲叫他：「和尚！」夾山禪師回過頭來。

「師豎起橈子曰：汝將謂別有？乃覆船入水而逝。」你認為我還有祕密不傳給你啊？你看，自己把船給翻了，下水去了，表示無其他。佛法就是這樣，自己死給他看，堅定徒弟的信心。其實他死不了，不知跑到哪裡去玩了。

這一段講見地，如何修持，如何行願，都有了。

看禪宗的書，語文學識底子要夠，否則會看不懂。

第十三講

內容提要

思想念頭的流動
三際托空與現在心
四料簡與火候
軍事藝術和禪
夾山度洛浦
《宗鏡錄》悟道十問
洛浦三關
說臨濟
說曹洞

我們的課程正講到中國禪宗部分，禪宗的中心，五家宗派。但是大家要注意啊！我們研究這個課程的時候，不是拿我們自己的思想觀念去看禪宗，而是要把所講的事情，回轉到自己的心地修養上，去做修持的工夫，去體會。假使光是聽鬧熱，等於國內外流行的禪學一樣，不談修持，不談求證，只是把這一套學理故事，作一番客觀的評論，那就是一般禪學的路線，但是我們的重點是擺在求證上。

上次提到禪宗以前，我曾告訴大家，不妨走從前古人的路線，用觀心法門，觀察自己，以現在的觀念而言，就是檢查自己的心理狀態。

我們的心理狀態，所有的思想、感覺可以歸納成三個階段，那三段時間的分類：過去、現在、未來。古人稱前際、中際、後際。

這一個法門，不一定要盤腿。靜下來時，觀察自己的思想，會發現一團紛亂。我們的心理狀態，一部分屬思想方面；一部分屬感覺方面，像背痠、腿痛等等；還有一部分屬情緒方面，覺得很悶、很煩。總而言之，這些都歸納到心理狀態，叫作一念。

然後，我們再觀察自己的念頭，前一個思想過去了，沒有了，就像話講過了，我們也聽過了，每一句話，每一個字都成為過去，一分一秒都不會停留。我們不要擔心，它不會留下來長到心裡去的。換言之，念頭本身停不住，永遠在流動，像一股流水一樣，永遠不斷的在流。它是一個浪頭連一個浪頭，很緊密的接上來。如果再仔細加以分析，它像是一粒粒水分子，密切連接成一條河流。實際上，前面一個浪頭過去了，它早就流走了，後面的還未接上來，這時候，假如我們把它從中截斷，不讓後面的浪頭上來，中間就沒有水了，心理狀態也像這個一樣。

又比如我們看到這個電燈永遠在亮，實際上，我們把開關打開後，第一個電子的作用上來，馬上放射，很快就沒有了，後面電的功能不斷地接上來，我們就一直都看到亮光，事實上它是生滅的，所以看到日光燈有閃動，也就是因為這個道理。

我們的心理狀態，也是這樣在生滅，只是我們自己不覺得，以為自己不停地在想。實際上，我們的思想、感覺，沒有一個念頭是連著的，每一個念頭都是單獨跳動的。比如我們在這裡做個檢查，早晨剛一醒來，第一個念頭是——自己在想什麼？到現在還是早晨的那個念頭嗎？絕對不是，它不會一直停留在心中，早跑掉了。所以念頭用不著去空它，太費事了，它本來是空的。一般人聽了佛學，一上座就求空，用自己的意識去構想一個空，這是頭上安頭，是多餘的。

不過，現在的問題是，念頭流走還容易懂，可是後面第二個念頭怎麼來的？它的來源找不出來，這是一個值得參究的問題。為什麼我們並沒有想它，而它自己會來？尤其是打坐的人，本來想清淨，偏偏念頭來了，有些念頭平時根本想都不會想的，只要一打坐，幾年前的事，都想起來了。

比如有則笑話：一個老太婆打坐，下座以後，告訴別人：嘿！打坐真有用，十幾年前，某人向我借一塊錢，一直沒有還我，打坐時，倒想起來了。這可不是笑話，它說明一個事實，心裡越寧靜，所有的東西都自然在腦中浮現了。怎麼來的？這是很重大的問題。假如前一個念頭過了，後面的念頭不接上，中間不就空了嗎？這個念頭怎麼來的？那個去找的，又是一個念頭。不要去引動它，也不要尋找它，不要怕它來，它雖然來了，但也一定會過去。只是這裡頭有一個東西，那個知道自己念頭跑過去了，知道念頭又來了，那個東西沒有動過，要找的是那一個。那個就是《心經》上講的，「觀自在菩薩行深般若波羅密多時，照見五蘊皆空」的「照」，永遠在照。這個照字用得非常好，等於電燈一開，燈光就把我們照住了。

大家因為不明白這個理，所以專門在亂跑的念頭上想辦法，想把它截斷。其實看到念頭，照到念頭的那個，並沒有動，也不需要截斷念頭。我們明白有一個主人家，看到了這些雜亂念頭，這是我們本有的功能，這個功能永遠靜靜地在那裡，久而久之，這些連綿不斷的妄念不會來了。等於客人來家裡，主人並沒有說「你出去」，也沒說「請進來」，不拒不迎，妄念自然跑了，這是最初步。能夠隨時在這個裡頭，慢慢觀心，觀察煩惱習氣。只要一觀察，煩惱習氣就沒有了。只要照住它，它就空了。這個道理要特別注意。

有人問：寂靜的心境保持了兩三天以後，身心沒什麼變化，這時問題來了，心裡會覺得很無聊、很落寞；有時想，這不是枯禪吧？現在的心境與枯木有何分別？同無記、無念，又有何分別？

這個問題本身就有問題。第一，覺得自己是三際托空，但心境卻很無聊，這不是還有一念嗎？可見三際沒有托空。第二，又覺得是無念，其實念頭多得很，豈止三際，至少也有五、六際。這是用功吃緊，身心發出了一種無聊的感覺。所以佛說修行要像彈琴一樣，你太用心了、太吃緊了，就像琴弦絞得太緊，難受了。換句話說，有些學佛學道的人，一下子勇猛精進起來，就想馬上有所成就，這時馬上量他的血壓看看，一定很高，因為神經緊張的緣故。

注意！剛剛有人提出的問題，不是三際托空，真到了三際托空，前念過去了，後念沒來，中間當體即空，其實根本沒有中間念頭。所以《金剛經》上說：「過去心不可得，現在心不可得，未來心不可得。」三際都是不可得，不是說沒有，是把握不住。未來還沒來，你能夠把握明天腦子裡想些什麼嗎？未來心不可得。現在心不可得，我們剛說一個現在，就已經成為過去了。

《金剛經》告訴我們的是不可得，不是告訴我們過去心空，現在心空，未來心空。也沒有說：過去心沒有，現在心沒有，未來心沒有。古人的翻譯是很慎重的，如真有一個三際托空，也是無法把握住它的。為什麼？能把握住三際托空境界的，就是現在心，懂得現在心不可得，就沒事了。此其一。

第二，真到了三際托空，身體不存在了，與虛空合一，那真是逍遙自在，不得了的自在。學佛是為了學解脫自在，可惜現在學佛學道的，搞得既不逍遙，又不自在，更不解脫，何其苦哉！結果反而是被那個東西，把自己綁了起來，這個道理要注意，要弄清楚。

上次提到臨濟禪師的四料簡，談人與境的相互配合。舉凡做工夫，不管道家、密宗，或佛教任何宗派，都離不開一個東西，那就是什麼構成了生理與心理。做工夫時，不是生理發生感覺，就是心理產生思想問題，這都是妄念。因為做工夫才有它，不做工夫就沒有，所以那些都是境。但誰在做工夫呢？是我在做工夫，我就是人。人與境兩個問題教理上，稱作相，就是現象。那麼什麼使我這個人坐在這兒？性。性相兩門。就是我本身知道坐在這兒，我知道正在用功，所以人境兩方面都在轉來轉去。

因此臨濟提出四料簡，一方面教育人，一方面叫我們做工夫要注意：有時奪人不奪境，有時奪境不奪人，有時人境兩俱奪，有時人境俱不奪。這四樣需要適當的調配和選擇，道家稱火候，像煮飯一樣。火大了關小一點，不然會燒焦；火太小了，又煮不熟，都得自己作調配，所以稱「料簡」。這一切別人都幫不上忙，什麼明師一概幫不上，就是佛坐在你面前，也沒辦法，否則佛的公子，以及佛的弟弟阿難，也不需要修行了。人只有自救、自度，任何人救不了你，所以料簡是要我們自己調配的意思。

禪宗這個方法是最了不起的，包括了顯、密二教的方法。

有三樣東西與禪是不可分的：第一是軍事，古代的名將都有一點禪的味道。名將天生就是天才，打仗時，四面被敵人圍住了，只有死路一條，而在這時，如何動一個腦筋，靈光一現，反敗為勝，這是禪。如果說這時想想諸家兵法，都沒有用，不論哪一個兵法都救不了。第二個與禪不可分的，是真正的詩人，好句子作出來，連自己都不知道這些好句子是如何寫出來。第三是藝術家的好作品，這也近於禪。所以唐末、五代時，禪宗偏重於中國文化，尤其是文學性，動不動就用詩表達。其實他們不是在作詩，而是自然的從本性中流露。當人的本性達到最空靈、至善、至美的時候，美感自然流露出來了，所以文學境界也就高了。這並不是刻意學的，而是自然的。所以寫文章是沒有章法的，愛說什麼就說什麼，慢慢寫熟就好了。但臨濟以下，中國的禪，看它是文學，卻處處是工夫，實在是很難看得懂的。

現在回轉來講夾山，他自船子德誠禪師那裡悟道了以後，到哪裡去了？船子德誠禪師告訴他：「藏身處沒蹤跡，沒蹤跡處莫藏身」。這兩句話包括得非常多，做工夫方面，「藏身處沒蹤跡」，指身體的感覺沒有了，心理上的雜念也沒有了，三際托空，一點影子都沒有了。但是，空的境界不能住久，住久了，人就懶了。所以，在修證上可以，行願上則不可，按菩薩戒來說是犯戒的，耽著禪那，不起慈悲，不做救人救世的事，是犯菩薩戒的。所以「沒蹤跡處莫藏身」，未有久住而不行者，不能永遠在山裡頭作自了漢，要出來做功德，做救苦救難的事。所以船子德誠叫夾山「藏身處沒蹤跡」，先去住茅蓬，隱起來，不要讓人知道，等工夫到家以後，「沒蹤跡處莫藏身」。

後來，夾山禪師開堂說法，《指月錄．卷十七》：

夾山禪師有一個弟子叫洛浦，原來是臨濟的弟子，聰明能幹，學問也好，佛教的經典都通達，而且戒律守得很嚴，當初是臨濟的侍者。臨濟對這個弟子很得意，常讚歎說：「此臨濟門下一隻箭，誰敢當鋒？」這一鼓勵，洛浦認為自己開悟了，後來臨濟一與他討論，他對師父都不服氣了，那就無法再教了。洛浦後來向臨濟告假，走了。臨濟說：「臨濟門下有個赤梢鯉魚，搖頭擺尾，向南方去，不知向誰家齏甕裡淹殺。」鯉魚躍過龍門就變龍了，這條鯉魚還沒有變龍，本來要變，結果沒變，到南方去了，不知誰家能收服得了他（臨濟是在河北）。

「師遊歷罷，直往夾山卓菴，經年不訪夾山。山乃修書，令僧馳往，師接得便坐卻，再展手索，僧無對，師便打，曰：歸去舉似和尚。僧回舉似，山曰：這僧若開書，三日內必來，若不開書，斯人救不得也。夾山卻令人伺師出菴，便與燒卻。越三日，師果出菴，來人報曰：菴中火起。師亦不顧。」

那時禪宗鼎盛，「不怕天下荒，只怕頭不光」，到處都可以住，到處有大師，洛浦四處遊歷參訪，都看不上眼，一直到了夾山禪師那裡，在他的廟附近，搭一個茅蓬打坐。這樣一個年輕和尚，到了夾山那裡，卻整年也不去朝拜。夾山寫了一封信，叫人帶去給他，信的內容如何，沒有記載，一定是逗他，叫他到自己的廟子來。結果洛浦把信放在坐墊底下，理也不理，照樣打他的坐。夾山對弟子們說：如果他開我的信，三天以內一定來，如果不開我的信，這個人沒救了。

夾山派了一個人，在茅蓬外面守著，三天以內，如見洛浦一出茅蓬，就放把火，將他的茅蓬燒掉。結果第三天，洛浦果然離開茅蓬，這裡頭有個問題，洛浦認為自己已大澈大悟了，經夾山信上一考問，他沒有辦法了，二祖所謂安心，他安不下心來，非出來不可。等洛浦一出茅蓬，茅蓬就起火了，夾山的徒弟放了火，還在後面嚷：和尚，你的房子起火了！洛浦頭都不回，不是故作大方，實在是心裡頭的疑處讓夾山抓住了，急著要下山找夾山。

「直到夾山，不禮拜。乃當面叉手而立。」洛浦到了夾山那裡，很傲慢。夾山那時名氣很大，年齡也大了。洛浦看到夾山，也不跪下來，叉手而立，夾山說：「雞棲鳳巢，非其同類，出去！」給洛浦一個下馬威。洛浦說話了：「自遠趨風，請師一接。」我老遠從北方來這裡參學，請你接引一下，我還有大事沒了。

「山曰：目前無闍黎，此間無老僧。師便喝。」夾山說：我這裡沒有你這個和尚，此地也沒有我這個老和尚，我這裡的佛法是這樣的：目前沒有你，也沒有我。這時洛浦學臨濟的辦法，對夾山驚人的一喝！夾山的作風與臨濟不同，臨濟氣宇如王，眼睛看著人，魂都會給他嚇掉了。而夾山是斯斯文文的，他這一喝，夾山說：「住！住！且莫草草忽忽，雲月是同，溪山各異。」同樣的月亮，同樣的雲，照不同的地方，風景就是不同，換句話說，你師父那裡嘿呀喝的，這一套到我這裡吃不開。「截斷天下人舌頭，即不無闍黎，爭教無舌人解語。」洛浦聽了這句話，「師佇思」，一沉思

「山便打」，夾山便打。「因茲服膺」，這下子他服氣了。也不去住茅蓬了，就跟著夾山。

「一日問山：佛魔不到處，如何體會？」他的工夫境界到達這個程度，完全空掉了，三際托空，佛也沒有，魔也沒有，怎麼體會？

夾山回答他：「燭明千里像，闇室老僧迷。」蠟燭一點起來，大老遠的地方都照出來；暗室裡的老和尚就是看不見。什麼意思？當然燈點了就看得見，不點燈就看不見。可是學佛的人認為這裡面有密法，為什麼這樣的境界是佛魔不到處？佛拿你沒辦法，魔也拿你沒辦法。這是什麼道理？見地、修證都在裡頭。

「又問：朝陽已昇，夜月不現時如何？」這是形容工夫的境界，打起坐來身心都忘了，只是一片光明，等於太陽已經出來。「夜月不現」，到了夜裡又不同了，自性光，清涼了，也就是道家《參同契》所說：「至陽赫赫，至陰肅肅。」當一個人達到空到什麼都沒有的境界，要注意，那還是屬於「至陰肅肅」，陰極陽生以後，身心內外與天地同根，一片光明，那才是「至陽赫赫」的境界。這時氣脈通不通早就過了，講三脈七輪時，連初步的定都沒有到，他這時已超過了這些定境，那就是「朝陽已昇，夜月不現時」。

夾山說：「龍銜海珠，遊魚不顧。」師於言下大悟。這一下洛浦大徹大悟了，這裡頭有東西，在內外一片光明境界裡頭，像一條龍在海裡游動，嘴裡銜著明珠，這顆明珠就是龍的命根，旁邊魚蝦游來游去，龍的眼睛斜都不斜一下，看都不看一眼。

我們修氣脈也好，念佛也好，修到只有這一念，也等於龍銜海珠，遊魚不顧。旁邊那些妄念，根本就不理。除妄念幹嘛？最高的道理也可以拿到最初步用，大家做工夫，不管煉氣、念佛或是其他法門，只要抓住那一念，繫心一緣不動，記住「龍銜海珠，遊魚不顧」，慢慢的也會真到達這個境界。這兩句話不是光講理論，還有真實的修證工夫的事相，是實際的工夫境界。前面提過《法華經》龍女獻珠，都是真實的事相，確有其事，確有其境界。

人人動輒談開悟，所謂的開悟，究竟如何？標準是什麼？最平實的說法，是永明壽禪師在《宗鏡錄》中提到的，包括了禪宗的見地、修證、行願。

宋朝有兩部大著作，一是司馬光的《資治通鑑》；一是永明壽禪師的《宗鏡錄》。兩者差不多同時。可惜，談世間學問的《資治通鑑》，流傳後世，研究者眾；而《宗鏡錄》幾乎被丟到字紙簍裡去了。直到清朝才被雍正提出來，幾次下令，特別強調要大家研究這本書。

《宗鏡錄》告訴我們，什麼叫作悟了。書中提出十個問題，悟了的人沒有不通經教的，一切佛經教理一望而知，如看小說一樣，一看就懂，不須研究。

永明壽禪師《宗鏡錄・卷一》：

設有堅執己解，不信佛言，起自障心，絕他學路，今有十問以定紀綱。

一、還得了了見性，如晝觀色，似文殊等否？

二、還逢緣對境，見色聞聲，舉足下足，開眼合眼，悉得明宗，與道相應否？

三、還覽一代時教，及從上祖師言句，聞深不怖，皆得諦了無疑否？

四、還因差別問難，種種徵詰，能具四辯，盡決他疑否？

五、還於一切時一切處智照無滯，念念圓通，不見一法能為障礙，未曾一剎那中暫令間斷否？

六、還於一切逆順好惡境界現前之時，不為間隔，盡識得破否？

七、還於百法明門心境之內，一一得見微細體性根原起處，不為生死根塵之所惑亂否？

八、還向四威儀中行住坐臥，欽承祇對，著衣喫飯，執作施為之時，一一辯得真實否？

九、還聞說有佛無佛，有眾生無眾生，或讚或毀，或是或非，得一心不動否？

十、還聞差別之智，皆能明達，性相俱通，理事無滯，無有一法不鑒其原，乃至千聖出世，得不疑否？

一個人到底悟了沒有，前面這十個問題，可以作判斷標準。

第一問，是明心見性的境界，於一切時，一切處，一切事物上，一切清清楚楚，如同白天看畫圖的顏色一樣，與文殊菩薩等人的境界相同。你能這樣嗎？

第二問，你碰到了人，碰到了事，或者別人當面妨礙了你，總之，逢緣對境包括很廣，見色聞聲了不動心，日常生活間，甚至晚上睡覺都能合於道，你做得到嗎？

第三問，佛教的經典，《法華經》也好，《楞嚴經》也好，拿過來一看，都懂了，聽到最高明的說法也不怖畏，而且澈底的透澈明瞭，沒有懷疑，你做得到嗎？

第四問，所有的學人，拿各種學問問你，你能給予解答辯才無礙嗎？

其餘還有六問，大家可以自己研究。最後一段：

「若實未得如是，切不可起過頭欺誑之心，生自許知足之意，直須廣披至教，博問先知，澈祖佛自性之原，到絕學無疑之地，此時方可歇學，灰息遊心。或自辨則禪觀相應，或為他則方便開示。設不能徧參法界，廣究群經，但細看《宗鏡》之中，自然得入。此是諸法之要，趣道之門，如守母以識子，得本而知末，提綱而孔孔皆正，牽衣而縷縷俱來。」

若這十個問題連一點都做不到，就不可自欺欺人，自以為是。有任何疑問都應到處向善知識請益，一定要到達諸佛祖師們的境界。祖師們所悟到的，你都做到了，才可以到絕學無疑之地，不須再學。「灰息遊心」，妄想心都休息了。「或自辨則禪觀相應，或為他則方便開示」，到達大澈大悟後，或走小乘的路子，再轉修四禪八定，證得果位，六通具足，三身具備，神通妙用，一切具足；或走大乘路子，為他人犧牲自我的修持，出來弘法。

「設不能徧參法界，廣究群經」，假設你認為三藏十二部太多看不完，「但細看《宗鏡》之中，自然得入，此是諸法之要，趣道之門。」永明壽禪師勸你仔細參看他所編的《宗鏡錄》，因為一切經典的精要，他都集中在此書中。「如守母以識子，得本而知末，提綱而孔孔皆正，牽衣而縷縷俱來。」文字多美，這是永明壽禪師所講此書的重要。

現在繼續講洛浦開悟以後，繼承夾山的法統，他的教育法非常嚴厲，因為他兼數家之長，工夫高，見地高，氣派又大。他有幾句名言：「末後一句，始到牢關，鎖斷要津，不通凡聖。」

這是工夫境界，他說末後一句才能到向上一路，才可以修到三身成就。禪宗分三關：初關、重關、末後牢關。什麼是牢關？我們這個身體就是牢關，你破不掉，飛不出去，等到死時，這個牢關才破，但那是假破，又變中陰身了，再入輪迴之中。「末後一句，始到牢關」，這個時候，「鎖斷要津，不通凡聖」，不是凡夫，也非聖人，也就是魔佛不到處，才算成功。

洛浦禪師臨走前，對徒弟們懇切地開示曰：「出家之法，長物不留」，不要貪圖東西，本來出家就是丟開一切，萬緣放下，「播種之時，切宜減省」，古代叢林都是自己種地，就是告誡弟子們播種之務，不要浪費，換句話說，這四句是雙關語，做工夫、做事也一樣。「締構之務，悉從廢停」，你們光辦建築方面的事，這些都應停止，好好用功才行。「流光迅速，大道元深」，光陰很快的過去，但是道業深遠得很。「苟或因循，曷由體悟」，如果你們因循且過的一天一天馬虎過去，而不努力精勤於道業，那麼要到哪一天才能有所成就啊！「雖激勵懇切，眾以為常，略不相儆」。儘管洛浦禪師以懇切的語氣對弟子們開示，但弟子們平常就聽慣了師父愛罵人的訓示，所以這些話大家也就不在意了。

「至冬示微疾，亦不倦參請，十二月一日告眾曰：吾非明即後也。今有一事問汝等，若道這個是，即頭上安頭；若道不是，即斬頭求活。第一座對曰：青山不舉足，日下不挑燈。師曰：是甚麼時節作者箇語話。時有彥從上座對曰：離此二塗，請和尚不問。師曰：未在，更道。曰：彥從道不盡。師曰：我不管汝盡不盡。曰：彥從無侍者，祇對和尚。師便休。至夜令侍者喚從，問曰：闍黎今日祇對，甚有道理，汝合體得先師意，先師道：目前無法，意在目前，不是目前法，非耳目之所到。且道那句是賓？那句是主？若擇得出，分付鉢袋子。曰：彥從不會。師曰：汝合會。曰：彥從實不會。師喝出，乃曰：苦！苦！」

洛浦禪師這一宗系下來，教育方法非常嚴肅，教理不但要通，學問又要好，見地、工夫都要求非常高，所以他到了最後要走時，找不到一個合格的接棒人。洛浦禪師問弟子哪個可接法，沒有一個人答出來，只有彥上座答出來，但彥上座不肯當大和尚，所以洛浦禪師一問他，他卻說不知道。

「二日午時，別僧舉前話問師，師曰：慈舟不棹清波上，劍峽徒勞放木鵝。便告寂。」洛浦禪師說了兩句感嘆話後就走了，你看他生死來去多麼痛快。「慈舟不棹清波上」，這是大乘菩薩的行願，慈舟渡人一定到濁流中去；下面一句感嘆自己，幾十年來沒有渡上一個人，「劍峽徒勞放木鵝」，就是說他住的地方有個山峽叫劍峽，縱然他把橋架起來要引人過來，卻沒有一個肯上來。如同古德兩句名言所講的：「慈航本是渡人物，無奈眾生不上船。」那有什麼辦法呢！就是這樣感嘆。

《指月錄》上的小字註解，是唐代以後到清朝以前，有些大師們得道成道後的註解，也很重要。

現在再講臨濟所說的三玄門。什麼叫三玄三要？這同天台宗的三止三觀，可以勉強配合起來講，但究竟的道理需要自己研究，要做工夫才行。

《指月錄・卷十四》：

臨濟曰：「有時一喝，如金剛王寶劍。」把你心中的妄想煩惱都喝掉了。「有時一喝如踞地獅子，有時一喝如探竿影草。」有時罵你幾句，故意逗你發火，看看你的工夫定力如何，「如探竿影草」，恐草中有毒蛇，拿根棒子在草裡兜幾下。「有時一喝不作一喝用，汝作麼生會？」這是臨濟的客氣話。「僧擬議，師便喝。」這個喝是罵人的。

臨濟平常講：「一念緣起無生，超出三乘權學。」這兩句話，同「應無所住而生其心」是同是別？大家參一參看。

下面要講的這段，對學禪的人見地修持上大有關係。

「阿修羅與天帝釋戰，戰敗，領八萬四千眷屬，入藕絲孔中藏。」這是佛經上所記載，你看魔王的神通不是也無邊嗎？「莫是聖否？」這個不是與聖人的神通一樣嗎？「如山僧所舉，皆是業通、依通。」什麼是「業通」？現在世界上科學的發達，連太空都飛得上去，這是眾生共業的「業通」，也是神通，也是智慧。「依通」是算命、看相、卜卦、靈魂學、神祕學都是依通，依靠一個東西而來的，不是真神通。佛經講「納須彌於芥子」，我們知道藏芥子於須彌，那是理所當然，但如何是納須彌於芥子呢？「夫如佛六通者不然」，到達佛的境界就不是這樣，「入色界不被色惑，入聲界不被聲惑，入香界不被香惑，入味界不被味惑，入觸界不被觸惑，入法界不被法惑，所以達六種色聲香味觸法，皆是空相。不能繫縛此無依道人，雖是五蘊陋質，便是地行神通。」「道流」，就是現代人講同參道友。「真佛無形，真法無相。」注意啊！「你祇麼幻化上頭，作模作樣，設求得者，皆是野狐精魅。」你只要真認為自己有點工夫，有點境界，以為這就是道，那是妖怪，「並不是真佛，是外道見解。夫如真學道人，並不取佛，不取菩薩羅漢，不取三界殊勝，迥然獨脫，不與物拘，乾坤倒覆，我更不疑。」

臨濟去世時，說了一個偈子：

沿流不止問如何　真照無邊說似他

臨濟祖師在世時，他的教育法很古怪，很不平實，到臨走時，他規規矩矩告訴我們：「沿流不止問如何？」念頭思想停不掉，像一股流水一樣跟著跑，怎麼辦？「真照無邊說似他」，不要去管那些妄想、念頭；那個知道自己妄想在來來往往的，那個沒有動過，要把握那一個。

真照無邊的清淨，與真如佛性很接近，只要把握住就行了。但落在這個境界上，就容易犯一個毛病：把真照再加上照一照，那又變成妄念了。不要用心，很自然的清淨下來，也不要守住清淨。「離相離名人不稟」，這個東西，叫它是心也好，性也好，道也好，我們都不要管。這也就是「一念緣起無生，超出三乘權學」。但是真的什麼都不管嗎？「吹毛用了急須磨」。

寶刀、寶劍叫作吹毛之劍，鋒利的刀怎麼測驗？拿一根頭髮放在刀口上，用口一吹，毛就斷了，叫作吹毛之劍。可是再鋒利的刀，使用過後，還是要保養的。換句話說，臨濟禪師吩咐我們，沒有明心見性以前，隨時要反省檢查，一念回機修定，不起妄念。

悟了以後的人，工夫用了一下，馬上要收回。如果講世法，《論語》上曾子提的：「吾日三省吾身，為人謀而不忠乎？與朋友交而不信乎？傳不習乎？」都是同樣的道理。

佛法的一個原則：隨時隨地反省，檢查自己，「吹毛用了急須磨」。臨濟這一宗，重要大旨略向大家提一點，其他自己去研究。

現在來談曹洞宗，日本禪宗流行到現在，大多是曹洞的後裔。曹洞宗是唐末、五代的大宗派，弟子稱曹山，師父稱洞山。

宋朝大理學家周濂溪，提倡太極圖，這太極圖是一個和尚傳給他的，和尚的來源沒有講，此其一。邵康節這一系的《易經》，河洛八卦圖，是由曹洞宗出來的。中國的道家修丹道的著作，也大都是來自曹洞宗。所以曹洞的禪，同中國後世的丹道，脫離不了關係。不過丹道是用曹洞的，不是曹洞用丹道的。曹洞宗用《易經》窮理之卦，成為太極圖之說，發展到理學家這一系統；《易經》的象數之說，則變成邵康節這一系。兩個系統都出於禪，這是我首次公開把這個祕密講出來。

洞山良价悟本禪師，曾到溈山那裡參訪，溈山拿洞山沒辦法，就指定他到雲巖道人那裡去。他在雲巖那裡悟了一點，不澈底，當時他要走了。

《指月錄・卷十六》：

「師辭雲巖。巖曰：甚麼處去？師曰：雖離和尚，未卜所止。巖曰：莫湖南去？師曰：無。曰：莫歸鄉去？師曰：無。曰：早晚卻回。師曰：待和尚有住處即來。曰：自此一別，難得相見。師曰：難得不相見。」自性本來無相，大家都一樣，難得不相見。

「臨行，又問：百年後，忽有人問，還邈得師真否？如何祇對？巖良久曰：祇這是。師乃沉吟。巖曰：价闍黎，承當個事，大須審細。」

洞山這時候難過了，覺得師父很可憐。雲巖罵他：像你這樣行嗎？學禪要有大丈夫的氣派，你還有世俗的感情，牽掛著，放不下，我走了，又怎麼樣？

「師猶涉疑」，到這裡，洞山才起疑情，更懷疑了。「後因過水睹影，大悟前旨。有偈曰：」

切忌從他覓　迢迢與我疏
我今獨自往　處處得逢渠
渠今正是我　我今不是渠
應須恁麼會　方得契如如

後來離開師父，過一條溪水，看到水中自己的影子，這一下大悟了，才作了悟道的偈子。「切忌從他覓」，什麼是「他」？我們找氣脈，找念頭，這些都是「他」，越找越遠，不行的。

「我今獨自往」，靈光獨耀，迴脫根塵時，處處都可以找得到他，「處處得逢渠」，這個渠是真的我。

「渠今正是我」，等於我們現在看到這個身體，這個身體是「他」，不是真的我，可是現在活著，「渠今正是我」。

真正的我在哪裡？「我今不是渠」，可不是他，他會改變，十歲跟廿歲不同，現在的我，頭髮都白了，已與年輕的我不同了，這個會改變的不是真正的我。

「應須恁麼會，方得契如如」，要在這個地方去找，找到了，你才懂得真如自性的那個道理。

《莊子．齊物論》有一則寓言，「罔兩問影」，我們在太陽下走路有幾個影子？影子外面還有個圈，稱罔兩。它問影子：你怎麼不規矩，一下坐著，一下躺著，怎麼這麼亂來？影子告訴罔兩：你不知道，我還有一個老闆，他坐著，我跟著坐；他躺下，我只好跟著睡。他又說：我的老闆也作不了主，他的背後還有一個大老闆，「渠今正是我，我今不是渠」。

禪宗不過把佛法用功的方法，歸納到文學境界，但與佛經的道理，還是一樣的。

第十四講

內容提要

不二法門與自然外道
真空頑空
真有假有
一切唯心和身心
說洞山
易卦和五位君臣
三種滲漏
說曹山
如來禪與祖師禪
五代的人才

座中李文（比利時人）同學提出一個問題，李文過去幾年，曾跟一位荷蘭籍的大師學過，他自己修證了好些年，這位大師教他「不二法門」，認為一切無我，一切唯心，把所有不是我的都看清楚，好好體會，所以對一切都不加理會。歐美的東西也要注意，歐美有些很高的哲學，也幾近於禪，我們不應輕視，不要閉門造車，只認為東方第一。這位荷蘭籍老師教他，無論是生理的、心理的問題，當它們來時，都要冷眼觀察，不要拒絕它，看它自生自滅，這就是所謂的「不二法門」。

他的不二法門的修持方法，是什麼工夫都不作，只是保持一個平靜，將心慢慢的打開，等若干年後，這些情緒、思想不跑了，什麼都沒有了，只剩下一個本來在那裡觀看的那個東西，那個是不變的，此時，什麼都像閃電一樣，頓悟了。這位大師教的就是這個路線。

李同學認為，大部分的修持者，一輩子一無所成，就是因為沒有做到這一點。但是似乎一味不管也不對，逃避它也不對，調息的工夫是否也是一種逃避呢？又，這位大師教的方法是止而後觀呢？還是觀而後止？如果方法不對，他願意放棄錯誤的路線。

近年來的西方文化，在宗教哲學方面，進步得很多，有意到西方弘法者，要趁早打基礎。

這位荷蘭大師講的不離譜，但是也有問題。後來這位大師因病入院開刀，應該覺得很痛苦，可是他無所謂。換句話說，他把身體也看成不是我的，因此很安詳，醫生們也很奇怪。他不主張打坐，認為打坐是人為意識所造就的，違反「不二法門」的道理。

這一類的大師，世界各地都有。有位大師在德國很轟動，皈依他的科學家、大學教授等都有。這位大師的父母是開悟了的，有神通。這位大師三歲就曉得前生，也開悟了，二十幾歲就當大師，現在還不到卅五歲，長得如佛相。這些大師都有相當的修養工夫，反而我們中國人，無論在佛教方面，或做工夫上，儒釋道三教的修養，都不如人，所以決不要閉戶稱王。

那位荷蘭大師告訴李文的方法沒有錯，但也許他講得不夠詳細，或許學的人沒有搞得很清楚，所以這裡面忘了一點：一切唯心沒有錯，這個身體也是唯心的，如果只認為心理狀況屬於一切唯心，這個身體還是轉不了，這是第一點。真的認為包括身心的一切唯心，此身沒有轉不了的道理。

第二，中國的西藏，在唐朝以後的密宗，有大手印法門，相傳同於禪宗。又傳說大手印法門，是達摩祖師離開中國以後，轉到西藏所傳授的。大手印的修持要點：如「最初令心坦然住，不擒不縱離妄念」。開始入手時，如李文同學所說坦然而住，不做工夫，也不修定，坐在那裡就坐著，很坦然，妄念來「不擒」，看住它，但也不放縱，當體空，離開了妄念。這是大手印最初步的方法，不要止觀，也不要參話頭、做工夫，這是密宗大手印最高辦法之一。

宋朝理學家程明道作《定性書》，講如何修定：「不將迎，無內外。」「將」在這時是「送」的意思，也就是「拒」的意思。一個念頭來，不歡迎，也不拒絕，既不在外、也不在內。這是佛法的高度修心方法，若說這就是「不二法門」，這是不對的。因為不二法門是真妄不二，真的就是妄的，妄的也就是真的。程明道所說的，只能算是進入不二法門的一個方法。而那位荷蘭大師的方法也是如此，接近禪，也接近大手印。

但是有一個問題，就是此身也是唯心中間的重要東西，此身既不能轉，這一種修養最後還是靠不住，因為這一種境界縱然高，卻落於自然外道，由於它一切順其自然。順其自然的人，不能叫作「了」了生死。因任它生自來，任它死自去。生怎麼來，何必問！它已經來了嘛！將來怎麼死，何必問！到死的時候就死了嘛！這並沒有澈底的明心見性。

現在告訴大家，為何需要打坐修定。打坐盤腿修定，與明心見性沒有多大關係，真的明心見性，不一定是靠打坐的，但又有絕對的關係。若想回到本來清淨面目，進一步轉變這個色身，就非靠打坐不可。除此之外，無第二條路可走，而且非經修持工夫不可。為什麼？明知那個是自然的東西，但是這個自然的東西，被無始以來的塵埃塗矇得太多，非清理不可。因此修各種工夫的目的，也就是先清理之後，才能見本來。禪宗、大手印，乃至這位大師所教的都對，先見本來，慢慢再談清理。但是這樣的人，會產生一種毛病，就是往往落於自然外道，只求自然，不做工夫了。

這個問題可參考《楞嚴經・卷六》，文殊菩薩對二十五圓通說的偈子：

「覺海性澄圓，圓澄覺元妙。元明照生所，所立照性亡。迷妄有虛空，依空立世界。想澄成國土，知覺乃眾生。」

第一句話「覺海性澄圓」，是由形而上的本體，說到我們現在的人生，一切眾生覺海的本性，本來清淨圓明，這是不二法門。可是怎麼找到覺海呢？「圓澄覺元妙」，倒過來，先要把工夫做到圓滿、清淨，然後悟到了這個本來覺性，原是元明玄妙的。如何達到「圓澄」境界呢？那位荷蘭大師所教的方法有點近似，但要修正一下，把它擴大，一切妄念來不要管它，等於大人看小孩一樣，不理他，待小孩跑累了，就休息了。可是做不到，你越看住妄念，妄念越來，這是什麼道理？因為「元明照生所」的原故。

我們這個元明的功能，有照的力量，照到一切妄念，但照久了以後，它也變成妄念了。這是陽極陰生的道理。這個電力太強了，照得很厲害，功能用完了以後，什麼都看不見了。有照有用，妄念就如此產生了。所以「元明照生所」，看住那個，就是照。「照生所」，就是能照的本身，生出妄念來。等妄念起來了，「所立」，就「照性亡」了。大的妄念一起，形成以後，那個能照的就給蓋住了，反過來蓋住了本覺。所以，我們有時候情緒來、煩惱來，或者是用功過度，妄念也越增加，都是「元明照生所，所立照性亡」的道理。

因此，第二重的世界形成了：「迷妄有虛空，依空立世界，想澄成國土，知覺乃眾生。」

採用《楞嚴經》中這段話的目的，是要李同學注意，走原來的工夫路線，往往產生一個偏差，就是「元明照生所，所立照性亡。」再看《楞嚴經．卷五》：

「真性有為空，緣生故如幻，無為無起滅，不實如空華。言妄顯諸真，妄真同二妄，猶非真非真，云何見所見，中間無實性，是故若交蘆。」

自性本空，既然本空，為什麼叫作有為空呢？性空緣起，因為空才能緣生萬有。如果空不能緣生萬有，就是「頑空」了，但有為萬法，緣生性空（強名叫它真如）。

「緣生」，一切萬有起來的時候，就是因緣所生，如夢幻，佛經上說如夢如幻，並不是說絕對沒有，有啊！不過這個有是偶然的、暫時的存在，是假有，一切「生」在過了這個「有」的階段就空了。「緣生故如幻」，我們一看到如夢如幻，就馬上把念頭放到空裡頭去了，如夢如幻是假有、妙有。小乘認為是假有；菩薩認為是妙有，「有」也是很妙的。

妄念起，情緒來，是緣起而幻有，因此不要管它，但「無為無起滅，不實如空華」，本體自性本來無為，為而不為。雖然起一個妄念，但它停留不住，因為第二個妄念又起了。所以也不生，也不滅。我們的念頭，永遠如海浪般，一個浪潮，再接一個浪潮，那是不實在的，好比揉揉眼睛，眼前看到的一些亮光，當時不能說沒有，過後自然就沒有了。

「言妄顯諸真」，現在我們講一切心理、情緒叫作妄想，為什麼稱之為妄想？這是一個對立的教育法，要我們認清非妄想那一面的那個是真如。實際上，佛說的很明白：「妄真同二妄」，這個妄念情緒固然是假的，那個真如有個清淨、空的世界，也是假的。所以你照住它，看住它的那個，也是大妄念。由大妄念來管小妄念，小妄念睡覺了，那個大妄念坐在那裡，大妄念就是「元明照生所，所立照性亡」了。所以，妄也不取，真也不立才行。

「猶非真非真」，工夫達到了空，你覺得這是自性，這是道，但是它並不是真的自性，真的道。所以佛經翻譯得非常好，叫真如，意思是差不多像個真的，姑且叫它真如。

「云何見所見」，真有個明心見性，可以用眼見到，或用心意識體會的，都錯了。那個見不是眼或意識可見，所以夾山禪師說：「目前無法，意在目前，不是目前法，非耳目之所到。」《楞嚴經》上也告訴我們：「見見之時，見非是見，見猶離見，見不能及。」

所以荷蘭大師指定的修持方法沒有大錯，只要擴大到無量無邊就對了。因為你現在照他的方法，看住自己的妄念，在看的那個是大妄念，懂不懂？明白了這個理，修持的方法還是要從基礎來，轉回來先做止息的工夫。止息是我們心在造作，這個造作是為了轉這個身體，肉體四大全部轉了以後，才能見到那個真正的：「覺海性澄圓，圓澄覺元妙。」

所以後世一般禪宗，像剛才說的，用放任自然這個方法，以及密宗大手印的方法，最後充其量只轉心理狀況。真到要死的時候，身體痛得唉喲、唉喲叫，鼻孔上了氧氣罩時，空不了啦，那個能照的東西，意識所造的沒有了，還是黑茫茫的過去了。

禪宗有個禪師叫天王悟，是馬祖的弟子，沒有悟道以前，修持工夫、定力都很好。有一次，一個節度使看他號召力非常大，認為他妖言惑眾，便把他丟到江裡去，結果江裡冒出一朵蓮花，天王悟禪師在蓮花上面打坐。節度使一看，知道他有道，便把他救起，自己皈依作了弟子。這時天王悟還沒有悟道，本事就這麼大，等到後來悟道了，沒有蓮花來了，後來臨死時，痛得躺在那裡叫唉喲，苦啊！當家的和尚請求他說：師父，你輕聲點吧！當年你沒有悟道時，被人丟到江裡，蓮花浮上來，那個名聲多大，現在都說你有道了，你臨死還那麼痛苦地叫喊，傳到外面去，我們不好作人啊！請你輕一點叫。天王悟一聽，有道理，便問他：你曉得我現在很痛苦，在這痛當中，有一個不痛的，你知不知道？徒弟說不知道，天王悟就對他說道：「啊喲啊喲，這個是不痛的，你懂不懂？」徒弟說不懂，不懂就算了，兩腿一盤，死了。

說他有本事，他痛得叫不停；說他沒本事，請他不叫就不叫。這又是一個話頭。

嚴格地講，天王悟禪師只轉了第六識與第七識，前五識和第八識沒有轉。充其量得了法身，而報、化二身並沒有轉，所以學唯識要知道，六祖也講過：「六七因上轉，五八果上圓。」六、七識容易轉，念頭一空，三際托空，第六識轉成現量的清明境界；工夫再進步，第七識也可以空掉，這容易，是在因位上轉的。很多修持的人，充其量到了因位菩薩，果上就難了。前五識眼耳鼻舌身，包括了這個肉體；第八阿賴耶識除了包括肉體外，也包括了整個物質世界。五八要果上圓，要證到了果位才能轉，談何容易！要修就修個全的，修一半只好來生再來，如果來得及，最好這一生完成了它。

上面答覆了李文同學的問題，要特別注意。

上次講到洞山禪師的悟道偈子，再重複講一次：「切忌從他覓，迢迢與我疏。我今獨自往，處處得逢渠，渠今正是我，我今不是渠。應須恁麼會，方得契如如。」

一般修道的，都是從「他」找。他包括了心理、身體。尤其什麼任督二脈，什麼境界光明，都是他，清淨境界也是他，如果一直在「他」上面下工夫，一直在妄心上追求，越修就越遠了。

我們參究洞山祖師悟道的偈子時，不要忘記一件事，那是當年，他因為過溪水，太陽照著，溪水把他的影子照出來，他看了自己的影子，因而悟了。這個境界要把握住，在這個時候「我今獨自往，處處得逢渠」，到處都碰見他，「渠今正是我」，他現在正是我，我們這個身體是他，他變成我了。「我今不是渠」，實際上，我們那個本性，雖然並不是這個身心，可也並沒有離開身心。要把賓主兩個合攏來，「應須恁麼會，方得契如如。」並不是說已見道了，是近於道了，可以入道了。

洞山如何參訪、行腳，因時間關係，這裡不講了，現在來看洞山說法。

《指月錄・卷十六》：

洞山上堂問：「向時作麼生？奉時作麼生？功時作麼生？共功時作麼生？功功時作麼生？」

這個叫語錄，當時講話的記錄，是白話的。

「向」時，向這個道時，工夫快要到了。「奉」，等於捧著一個東西，抓到了，把握住了。什麼是「向」？將開悟未開悟時，等於拿《楞嚴經》的「色陰區宇」來作比方，色陰區宇快要打破時，天快要亮了，似光明非光明，似明白非明白。「奉」是指正式到了，但是悟了後還要用功，所以「功」時作麼生？「共功」、「功功」，都是修證的程序。一共有五個程序，由用功、開悟、一直到成功，分五個步驟。

「僧問如何是向？師曰：喫飯時作麼生？」

這麼一說，這個和尚就懂了，不問第二句。接著問：「如何是奉？師曰：背時作麼生？」

意思是轉過來時怎麼樣？

「如何是功？師曰：放下钁頭時作麼生？」

做事情做得很累，一旦輕鬆下來時如何？那真是一切放下了。

「如何是共功？師曰：不得色。」

這並非不好色，四大身體屬色，一切光明清淨也是色，等等。

「如何是功功？師曰：不共。」

不共法，洞山怕大家不懂，便作了詩偈，這些詩偈是曹洞宗告訴我們心地法門一步一步的工夫，是用功的方法，如當文學看，就錯了。

向：

聖主由來法帝堯　御人以禮曲龍腰

有時鬧市頭邊過　到處文明賀聖朝

這是向，到達這一步，悟了道，動中也是，靜中也是，都在這個境界，始終不變，就差不多了，這是向。

奉：

淨洗濃妝為阿誰　子規聲裡勸人歸
百花落盡啼無盡　更向亂峰深處啼

功：

枯木花開劫外春　倒騎玉象趁麒麟
而今高隱千峰外　月皎風清好日辰

共功：

眾生諸佛不相侵　山自高兮水自深
萬別千差明底事　鷓鴣啼處百花新

功功：

頭角纔生已不堪　擬心求佛好羞慚
迢迢空劫無人識　肯向南詢五十三

一步一步都是工夫，都是修行的程序。現代年輕人看不懂這些談禪的詩，禪宗是該變個方法了。

曹洞宗的禪，在五代以後，影響宋代的道家、理學，尤其是《易經》的學問。道家所謂坎離交等等，都是曹洞宗來的。

洞山「因曹山辭，遂囑曰：吾在雲巖先師處，親印寶鏡三昧，事窮的要，今付於汝。詞曰：如是之法，佛祖密付，汝今得之，宜善保護。銀盌盛雪，明月藏鷺，類之弗齊。」

這是洞山對他最得意的弟子曹山講的，是很重要的傳法話。銀盤裝了雪，都是白的，明月中的鷺鷥也是白的，看來都是白，可是不一樣。學禪的要頂門上別具隻眼，看清楚啊！

「混則知處，意不在言，來機亦赴，動成窠臼，差落顧佇，背觸俱非。」

不一樣的東西，把它混合成一樣，才曉得一點入門的方法。文字言語不足以代表那個東西，機緣撞到了，就悟了。一有動作，稍稍表達一下，或者講一句「心即是佛」，反而就變成一個窠臼了。失之毫釐，差之千里，所以凡夫境界當然不是它，順著這個境界也不是它。

「如大火聚，但行文彩，即屬染污。」

「如大火聚」這句話，出自《大般若經》，經中大意說：大智慧的人，如大火聚，一盆大火在那裡燒，好的，壞的，一股腦丟進來。外道魔道越丟進來，火越大，燃料越多，智慧越高，所以大般若如大火聚。

「但行文彩，即屬染污」，一落言語文字，已經同本性不相干了。

「夜半正明，天曉不露。」

這是正式的工夫。黑夜時，這個東西更明白；天亮了，就看不見了。這是什麼道理？當年袁老師就是參這個話頭，懂了這個，學佛學道就差不多了。現在露一點祕密給你們：六根都不動，什麼都不知道，自性顯露了。像我們現在坐這裡，眼睛等著看，耳朵等著聽祕密，六根多亮啊！被無明障住了。「夜半正明，天曉不露。」無夢無想時主人公何在？自己參參看。

「為物作則，用拔諸苦。」

洞山囑曹山：你將來出去，要救世、救眾生，度一切在苦難中的人。

「雖非有為，不是無語，如臨寶鏡，形影相睹，汝不是渠，渠正是汝，如世嬰兒，五相完具，不去不來，不起不住，婆婆和和，有句無句，終不得物，語未正故，重離六爻。」

用《易經》的方法講修持、做工夫，特別取用坎離二卦，以離卦為主，這是曹洞宗的五位君臣。

「偏正回互，疊而為三。」

《易經》講三爻之變，「變盡成五」。《易經》的六爻卦中，以第三爻、第五爻最重要。

「如荎草味，如金剛杵，正中妙挾，敲唱雙舉，通宗通途。」

工夫到了，宗也通，一切經教都通達了。

「挾帶挾路，錯然則吉。」這也是用《易經》的理。

曹洞宗的五位君臣，是配合《易經》的理論，詮釋修持用功。

「不可犯忤，天真而妙，不屬迷悟，因緣時節，寂然昭著，細入無間，大絕方所，毫忽之差，不應律呂，今有頓漸，緣立宗趣，宗趣分矣，即是規矩，宗通趣極，真常流注，外寂中搖，係駒伏鼠，先聖悲之，為法檀度，隨其顛倒，以緇為素，顛倒想滅，肯心自許，要合古轍，請觀前古，佛道垂成，十劫觀樹，如虎之缺，如馬之馵，以有下劣，寶几珍御，以有驚異，貍奴白牯，羿以巧力，射中百步，箭鋒相直，巧力何預，木人方歌，石女起舞，非情識到，寧容思慮，臣奉於君，子順於父，不順非孝，不奉非輔，潛行密用，如愚若魯，但能相續，名主中主。」

這些都是工夫修持的步驟，以及見地。大家要注意研究。

「末法時代，人多乾慧。」我們現在這個時代，正法沒有了，一般人沒有真工夫，學理講得頭頭是道，自己沒有證到，是乾慧，沒有用。

「若要辨驗真偽，有三種滲漏。」如要辨別悟道與否？有三種毛病，一看就知。

「一曰見滲漏，機不離位，墮在毒海。」見地不透澈的人，所得的範圍跳不出來，只在那個範圍中，中毒了，中了自己那一點學問、知識上的毒，以及自己那一點見地上的毒。

「二曰情滲漏，滯在向背，見處偏枯。」換句話說，是主觀的情感，自己得一點境界，對那一點境界有感情：嗯！我坐起來很舒服嘛！嘿！這就是了。有些人想：老師恐怕還沒有到，我這個他都不知道。其實，早墮在情滲漏中了。

這個情不是普通所說的情感，而是指自己得到的那個程度，把自己陷住了。

「滯在向背」，比如落空的人，一動念有，他就不幹了。叫他出來為人做事，他不幹，這也是情滲漏，有向背，有善惡，也是見地上落了枯禪，偏枯了。

「三曰語滲漏，究妙失宗，機昧終始，濁智流轉。」

「語」包括一切佛學、學問。依文解義，在學問思想裡打轉，真的佛法種子不懂，機用——修持方法的應用，如何成因？如何證果？這個終始竅門，他並不懂。

末法時代五濁惡世中的修行人，就在這三種花樣中轉。洞山告訴徒弟們，應該知道這三種滲漏。

我們參究每一個祖師的悟道，以及他們的行徑，就是十念法中的念僧。看看歷代祖師們的行徑，自己加緊努力修行，這就是念僧法門。

「師不安，令沙彌傳語雲居。」洞山快要走了，叫沙彌傳話給雲居膺。

「乃囑曰：他或問和尚安樂否？但道雲巖路相次絕也。」雲巖是洞山禪師的得法師父。

「汝下此語須遠立，恐他打汝。沙彌領旨去，傳語聲未絕，早被雲居打一棒。」

這就是機鋒。他要教育這個小和尚，自己老了，看這個小和尚很有希望，所以到師兄那裡去指引，希望他教育。他們到了家的人，彼此也不需要通訊，曉得小和尚一到了那裡，一定會挨打，所以先教他怎麼講話。當然雲居也很清楚，一看這個小和尚很成器，不過笨里笨氣的。雲居打小和尚是教育法，否則這麼打過來打過去，豈不是把人家的孩子不當孩子那麼玩。

「將圓寂，謂眾曰：吾有閑名在世，誰人為吾除得？」

我活了幾十年，外面名氣蠻大，這個名氣毫不相干，哪個人為我把它刷掉？這時，小和尚站出來說話了。

「時沙彌出曰：請和尚法號。師曰：吾閑名已謝。」

這個小和尚不是隨便講的，他說：「請問你老和尚法名叫什麼？」師父名字叫洞山，他哪裡會不知道？洞山高興了：「好！我閑名已謝。」這小和尚已悟道了，他有傳人了。

「僧問：和尚違和，還有不病者也無？」

師父是悟了道的人，結果還是生病，所以徒弟們有此一問。

「師曰：有。曰：不病者還看和尚否？師曰：老僧看他有分。」

洞山回答他：我看他跟我差不多，合夥的股東，你懂不懂？

「曰：未審和尚如何看他？」為什麼您在這裡頭還有分呢？這個和尚

不懂。

「師曰：老僧看時，不見有病。」我看的時候，並沒有病；換句話說，我痛苦得在叫，還有一個沒生病的在這裡。洞山轉過來問他：

「離此殼漏子，向甚麼處與吾相見？僧無對。」

離開了這個皮袋子，指我們身體，也叫漏斗。這個漏斗很大，《西遊記》叫無底洞，一天三餐裝下去，又漏掉了，第二天又裝，再漏掉，漏了幾十年，都裝不滿。離開了這個漏斗，我問你，我們在哪裡見面？這個和尚沒有大澈大悟，答不出來。

「師示頌曰：」

學者恒沙無一悟　過在尋他舌頭路
欲得忘形泯蹤跡　努力慇懃空裡步

你想到達，只要向空的路上走就會到的。詩偈寫完，命徒弟們替自己剃髮、洗澡、披衣，「聲鐘辭眾，儼然坐化」。

「時大眾號慟，移晷不止，師忽開目謂眾曰：出家人，心不附物，是真修行，勞生惜死，哀悲何益。」

然後又留了七天才走。說個笑話，這和尚叫別人不要情滲漏，不要有感情，自己給大家鼻涕眼淚一流，捨不得，又回來，陪大家玩了幾天，這一次再也不留了，大家不要哭啊！走了，這就是洞山。

洞山最重要的東西是五位君臣。等於臨濟賓主四料簡。

現在再說曹山，《指月錄・卷十八》：

「撫州曹山本寂禪師，泉州莆田黃氏子。少業儒，年十九，往福州靈石出家。二十五登戒，尋謁洞山，山問：闍黎名甚麼？師曰：本寂。山曰：那個聻！師曰：不名本寂。山深器之。」

真正高明的人，兩下子就對了，實在聰明。我們現在的年輕同學，假如問他叫什麼名字？本寂！什麼？師父，我是本來的本，寂滅的寂。人家可不同的，文字就是道嘛！既然叫本寂，還講什麼呢？這就是伶俐、聰明，第一等人物。

師父也在找第一流的徒弟，這兩下，洞山器重他了，他便在洞山那裡住了下來，從此可以入室，在方丈房裡跑來跑去。

「自此入室，盤桓數載，乃辭去。山遂密授洞上宗旨。復問曰：子向甚麼處去？師曰：不變異處去。山曰：不變異處，豈有去耶？師曰：去亦不變異。」

這就是禪，等於永嘉禪師見六祖說：分別亦非意。分別也是空嘛，沒有錯。

「遂造曹溪禮祖塔，自螺川還，止臨川。有佳山水，因定居焉，以志慕六祖，乃名山為曹。」後來曹山到了廣州拜六祖塔，再回到江西臨川，定居建寺院，因崇拜六祖，所以叫曹山。

曹山法統完全傳自洞山，其教育法見《指月錄》等書，他的說法、見地、修證、行願都在內。裡頭的小字是後世曹洞宗門徒加的，更要注意。

「僧問：學人通身是病，請師醫。師曰：不醫。曰：為甚麼不醫？師曰：教汝求生不得，求死不得。」

這是教育法，禪的教育法決不替你解答問題，因為你懂了，卻害了你，那是老師的，不是你的。有時你有問題，再給你加個問題，等你自己撞出來以後，才是真對了。禪宗要你自肯自悟，若一念慈悲幫了你，就害了你。如果該替你解答，佛經三藏十二部中都已解答，我們看了佛經，也未成佛啊！

這個和尚不問經典，什麼《大乘起信論》，真妄不二法門，那些學問都已學到他身上去了，可是他卻通身是病，醫不好，請師父醫。曹山說要他求生不得，求死不得。怎麼辦？要自己打出來。

「問：沙門豈不是具大慈悲底人？師曰：是。曰：忽遇六賊來時如何？師曰：亦須具大慈悲。曰：如何具大慈悲？師曰：一劍揮盡。曰：盡後如何？師曰：始得和同。」

「六賊」是指自己的六根。「始得和同」就是天下太平。

最後，曹山臨走時，寫了一首偈子。唐宋時代大祖師們，開悟和臨走時的偈子都是寶貝，千萬注意。宋朝以後就要當心了，因為後世有些語錄，是請抽鴉片的書生作的，靠不住。後世有些祖師們，希望自己死後，名字也能編進《大藏經》裡，所以僱人代寫語錄。我也親見這等事。天下好名之甚，有勝於此者幾希！

曹山示學人偈曰：

從緣薦得相應疾　就體消停得力遲
瞥起本來無處所　吾師暫說不思議

用功修定以後，參話頭也好，非等時間因緣到來才能開悟。比如虛雲老和尚，在禪堂裡打坐參話頭時，外面世界看得清清楚楚。到後來，突然端一杯茶，茶杯掉在地上，啪一聲，打破了，悟了。古人這些例子很多，靈雲看到桃花而悟道，一個緣來「從緣薦得相應疾」，來得快，所以修行只問耕耘，不問收穫，不要說我修了一年，怎麼還沒開悟？好像很划不來似的。

什麼叫「就體消停」？就是我們打坐用功，有些拿著《楞嚴經》，什麼經等，有些則做氣功，蠻空的，過了一陣又變了，上午蠻空，下午又掉啦，這些就是「就體消停得力遲」。尤其是懂了佛，懂了禪的理以後去用功的人，都是「就體消停得力遲」。因為空的道理曉得了，所以念頭一來就想把它空掉；有時空得很好，有時卻空不掉。這也是「元明照生所，所立照性亡」，看住妄念這個法子，有時就是「就體消停得力遲」。

「從緣薦得相應疾」是緣覺，獨覺乘。「就體消停得力遲」是聲聞乘，羅漢乘，偏空。

如何是如來禪、祖師禪呢？「瞥起本來無處所」，就是上次提過的「一念緣起無生，超出三乘權學」，那也就是「瞥起本來無處所，吾師暫說不思議。」

曹山四禁偈：

莫行心處路　不挂本來衣

拿一個能照的心，看住這些妄念，以心觀心，就是心處路，也就是前面李同學的那個問題。這個路是修行之路，但不是最高明的。

什麼是「本來衣」？本來面目清淨，「覺海性澄圓」，想守著清淨圓明，早掛上了。所以有一些老修行人，經常想保持一念，一念清淨圓明掉了，就拚命找，哪還找得到！那一念都已經不對了，早掛上了，早就染污了。佛經上說：無住無著。你著在清淨上已經錯了。

「何須正恁麼」，這個時候怎麼辦？「切忌未生時」，任何一個境界，在一念未動以前該怎麼樣？是讓它動起來，還是不讓它動起來？自己去參，曹山沒講。

如果守著未生以前，如《中庸》「喜怒哀樂之未發謂之中」，要保持這個，你早掛起本來衣了，錯了。「發而皆中節謂之和」，這已經行了心處路了。

這些都不著，然後才能談祖師禪。「何須正恁麼，切忌未生時」，一念未生之前，是什麼？既生以後，是什麼？要明白這個才行。

現在講這些資料，等於還在作準備工作，是講到修持之路前的資料。應該如何修持？要自己曉得把握，以後自己專修碰到問題時，我們這次研究過的，會使你想出點影子來，可找這些東西來參考。我的用心是如此。

現在講雲門宗。

雲門宗的興盛，也在唐末五代一百年間。後來當歐陽修奉命修五代史時，非常感慨五代沒有人才，認為整個世紀，在政治及其他各方面，都沒有人才。可是王安石等人的意見則相反，認為五代人才太多了，只可惜都出世了，不肯走入世的路子。溈仰、臨濟、曹洞、雲門，尤其是雲門，氣宇如王，一個個都有帝王才具，看不起世法。所以唐末到五代亂世時期，是禪宗鼎盛時期；南北朝最亂時，是清談鼎盛時期，也就是文化哲學最發達的時期。過去一般人研究中國哲學史，說是清談誤國，好像清談對那個時代的學術要負責任似的。其實，倒是時代歷史要對學術文化負責任。我在前面已經說過，清談並未誤國，倒是當國者誤了文化。

在五代時期的人才，認為當時是一個無可救藥的時代，所以靠邊站開了，既然他們都是大慈大悲救世之人，為什麼非剃了光頭，跑到禪宗裡面？難道不肯把這個時代弄好嗎？為什麼不幹？諸如此類的問題，在研究五代文化史的時候，應該另予估量，而不可人云亦云。

第十五講

內容提要

如何去身見
鳥飛式
再說修氣
睦州的草鞋
說雲門
三平偈
法身兩般病
陳尚書宴雲門

國內外一般講禪宗的，喜歡研究公案，然後作批評性的理論而已。我們學禪宗，學的是見地、修證、行願三者。聽了課以後，自己要做工夫去求證，否則與一般禪學的路線沒有兩樣。

我們修持之所以不能得定，是因為身心沒有調整好，尤其是身體的障礙太多，身見是最難去掉的。我們一打坐修定，身見——身體的障礙就有了。因此，不能去掉身見，想進入定境，是絕對不可能的事。

如何去掉身見？在修持的方法上，修出入息是比較容易的。西藏密宗特別注重修氣、修脈、修明點、修拙火——這是一條固定程序的路，這個路子修持不好，無法證菩提，密宗如此強調，是有它的理由的。

修出入息，至少可以祛病延年。雖然祛病延年及返老還童，並不是我們修道的目的，但能作到身心健康，求證道業就比較容易了。

前幾次講了煉氣的方法以後，很多人搞錯了，連煉氣也成了「水老鶴」，這是一個很嚴重的問題。

其次的問題，假如要求證佛法，修戒定慧是不二法門，求證果位，只有這一條路。

談守戒，第一個要戒淫念，包括性行為、性的衝動、手淫、自慰、遺精等等。大乘與小乘戒律，在這方面有差別，小乘戒律為求證果，第一條戒律是戒淫；大乘戒律第一條戒殺。小乘戒律以性行為犯戒；次之，有性的欲望也是犯戒。佛在世時，有一個比丘尼被土匪強暴，佛說，這比丘尼在被強暴的過程中，念頭沒有動，所以不犯戒，這是小乘的戒律。其他如夢遺，夢中有對象的，也算犯戒。

學佛修道的人中，遺精的特別多。在大乘菩薩道中，漏失菩提即算犯戒，不管有念也好，無念也好，有夢也好，無夢也好，都算犯戒。所以要求得身心定力，這一點是非常困難的，而最難的是心理問題。沒有夢的遺精行為，是阿賴耶識種性的習氣，很微細。要做到不漏，有一個「鳥飛式」的方法可煉，這是對治的一味藥，現在介紹給大家。

每天睡覺以前，站著，腳後跟分開，前八後二（兩腳後跟距離約二寸）。第一步，臀部肌肉挾緊，不是提縮肛門，肛門收縮久了會成便祕的，小腹收縮。第二步，兩手作鳥飛狀，自然地、慢慢地舉起來，動作要柔和，嘴巴輕輕地笑開，兩肩要鬆開，兩手各在身體左右側，不要向前，也不要向後，很自然地舉起來，越慢越好。與手上舉同時，把腳跟提起來，配合姿勢向上。

第三步，手放下來時，嘴巴輕輕閉起，同時腳跟配合慢慢放下。站著時用腳的大拇指用力，姿勢一定要美，要柔和，越柔和越好，重點在手指尖。手一起來，自然有一股氣到指尖，到手一轉，氣拉住了，會自然的下來，白鶴要起飛時，就是這個姿勢。

每晚睡覺以前做，開始時做十下，做時兩腿肌肉會發痛，以後慢慢就好了，慢慢增加次數。

做了這個姿勢以後，如要使身體健康，還精補腦，長生不老，還要加一個動作。每天做這些姿勢，近視眼、老花眼都會好的。加的另一個動作是：

一、用大拇指中間骨節，按摩自己後腦的兩塊骨頭，轉圓圈，先順時針轉三十六次，再倒轉三十六次，不等。視覺神經就在這裡頭。

二、用食指中間骨節揉兩眼間鼻側，這裡有兩個小窩窩，是兩個穴道。以前我曾經兩眼發紅腫痛，囑朋友針灸在這兩個穴道上，立刻痊癒。

三、兩手不離開，同時揉兩眼眶，即眼睛邊緣骨節，順轉，越緊越好，再倒轉，轉數自定。

四、手不離兩眼，然後移至太陽穴，壓揉。

五、眼、牙齒閉著，手掌抱著腦袋，道家則把兩耳用手倒轉來蒙住，兩手在腦後打鼓，在後腦心用手指彈，學武功者稱鳴大鼓。

如此腦子清爽了，頭也不會痛，然後慢慢地，可到達還精補腦，長生不老。

這是煉精化氣的動作。

飛鳥式對於遺精的毛病有大效果，心理部分則要自己慢慢做工夫去除。

道家的「服氣」，如魚一樣，嘴巴一張一合，空氣就吃進去了。工夫做到了一個階段，可以辟穀時，便要服氣。

這些工夫都是助道品，有助於修道，也是對治法門。另外一個問題，我們打坐妄念不易停止，身體不容易健康，所以教大家修出入息。這方法天台宗特別重視，發展成數息、聽息、調息。西藏密宗各教派也特別重視，絕對有它的道理。

修氣的法門不是菩提道果，可是它可使我們易於證果。天台宗小止觀法門的六字：呵噓呼嘻吹呬，是調整身體的，許多人都搞錯了，現在重新示範一次：

站著，肩膀一掛，兩手隨便一擺，氣就到了，就好像作鳥飛式時，臀部肌肉一挾緊，氣就到了，這是個關鍵。以發「呵」字為例，只要意識，聲音不必發出來，小肚子隨著氣呼出自然癟進去，待把氣呵光了，沒有氣可呵了，只要把聲音停止，嘴巴一閉，鼻子自然會將氣吸進來。要多作幾次，然後放下，聽聲音，聽至呼吸與心念專一，雜念沒有了，自然空了。

為何教我們在打坐前調呼吸？因一般人調息不容易調得好，不如先做粗猛的呼吸。呼吸粗的叫風，細的叫氣。當氣到達好像不呼不吸時，微細最微細的那個叫息。天台宗的數息、聽息、調息是講息，不是講風，也不是煉氣。息為何分三個階段？是科學上的問題，在此暫時不談。

上座以後，先修風，手結亥母手印（密宗稱謂），也就是京戲的蘭花手。煉氣時肩膀要端起來，讓手臂伸直，手放在髖骨上（手過長、過短例外），手臂一伸直，肩膀自然端起，裡面的五臟也自然都張開了，氣就貫通，所以，非用這個姿勢不可。

下一步，鼻子吸氣時，小腹自然向內縮，氣吸滿了，不能再吸了，就吐氣。吸時細、長、慢。放出時粗、短、急。往復這樣做，到了氣滿時，自己會不想做了，此時就不大起妄念了，然後由氣轉成息，心境自然寧靜下來，感覺到鼻子細微的呼吸，意念與息不要分開，吸入知道吸入，呼出知道呼出，吸入暖知道暖，吸入冷知道冷，意念與氣息始終相合，不能離開，如果有一念沒有感覺到息時，就是已經在打妄念了。慢慢慢慢如此練習，真到了一念之間，心息真的合一了，密宗的修法叫心風合一，「心風合一者，即得神通自在」，至於祛病延年，返老還童，更是不在話下。

覺得心息相依時，慢慢地，到了後來，好像呼吸停止了，念頭也空了，縱然有一點游絲雜念，也不相干。此法最容易得定，最容易證果，除此以外，沒有第二條路，做有為工夫的話，就是有這樣嚴重。

現在看雲門禪師悟道因緣，《指月錄・卷二十》：

「韶州雲門山光奉院文偃禪師，嘉興人也，姓張氏。幼依空王寺志澄律師出家。」這位師父是律宗的，律宗嚴持戒律，雲門跟這麼一個老師出家，開始修持是非常嚴肅的，這一點須注意。說其個性：「敏質生知，慧辯天縱。」他特別的聰明，而且沒悟道以前，口才就非常好。

「及長落髮，稟具於毘陵壇。」稟受具足戒，就是持受三壇大戒，沙彌戒、比丘戒、菩薩戒。毘陵壇是在南京，受戒後，他二十幾歲了，回來跟隨本來皈依的師父好幾年。「探窮律部」，這時候，他已把律宗的道理、修行，研究得非常深刻。他不僅只在學理上深入，同時也隨時在做工夫。真講律宗的人，並不是光在行住坐臥上守規矩，行住坐臥還是威儀律，真講戒律就是隨時要在定中。為什麼走路要規規矩矩？因要隨時在定中，不能有一念散亂。所以這時雲門已經在用功了，以一個絕頂聰明的人，隨時在做工夫，但「以己事未明，往參睦州」，他不以自己的工夫為足，認為自己沒有開悟，此事未了，此心不安，便去找睦州參訪。

睦州在當時很了不起。睦州和尚悟道以後，沒有住廟子，因為他有個老母親需要奉養。戒律上規定，以出家人的身份，拿廟子上的錢，養自己俗家父母，是犯戒的。因此他不住廟子，也不接受供養，他自己做工，每天編草鞋，賣了，拿錢買米養母親。

黃巢作亂，到了睦州這個地方，城裡的人恐嚇萬分，大家只好找和尚了，因為知道他有道。睦州和尚叫他們把自己編的草鞋掛在城門口，結果黃巢的部隊一到，看到四面城門關閉，城上很多天兵天將守衛，黃巢哪信這一套？命令攻城，結果莫名其妙的被打敗了。後來一看城門口有兩隻草鞋，才知道陳睦州大法師住在這裡，他是個有名的大孝子，於是黃巢退兵而去。不過這段事正史上不記載，認為這太神話了。所以睦州在禪宗裡頭是俗僧，就是佛經上所謂長者。

睦州一看到雲門來就關門，理都不理，「師乃扣門。州曰：誰？師曰：某甲。州曰：作甚麼？師曰：己事未明，乞師指示。州開門一見便閉卻。」

這是睦州對雲門的教育法，很有意思的。

「師如是連三日扣門。至第三日，州開門，師乃拶入，州便擒住曰：道！道！師擬議，州便推出曰：秦時轅轢鑽。遂掩門。」

門一開時，雲門的腳便踩進去，睦州也不管，管他是腿也好，手也好，咔嗟一聲，雲門的腿被夾傷了。這是禪宗的教育法，真吃不消，現在的人不到法院告他才怪。

「秦時轅轢鑽」，就是秦代的老古董，這麼一句話，他悟道了。「損師一足，師從此悟入」，這是雲門的悟緣。

不像靈雲見桃花而悟道，那多舒服啊！還有一個比丘尼，「歸來手把梅花嗅，春在枝頭已十分」，那更是幽雅，雲門可不然，傷了一隻腳，總算開悟了。

我們要注意，雖然上面的資料非常簡單，但雲門從小出家，做了十幾年的工夫，律宗的經論、教理都通達了。當然，佛學是佛學，唯識也好，般若也罷，講得再高明也沒有用，此心還是不能安。等到事情來了，用不上，所以己事不明，雲門在追求這個東西。

雲門這一段悟緣的記載比較簡化，如果把他十幾年來的修持經過記下來，足為後人作一番參考，可是古人覺得記載自己的事情，有點像自我宣傳，所以不幹，今人就不同了。

雲門後來抵靈樹，這是一個江西的廟子。「冥符知聖接首座之記」，這個廟子前任的住持知聖，曾經預言：將來這裡的大方丈，是個得道的人。「初知聖在靈樹二十年，不請首座」，叢林的規矩，和尚下面領頭的叫首座，知聖下面始終未請首座，他的弟子們就問了：「師父，你請個首座嘛！」知聖說：「我的首座剛剛出世呢！」過幾年，又說：「我的首座長大了，現在牧牛。」再過幾年又說：「我的首座出家了，現在到處行腳參訪。」然後，「喔！悟道了。」有一天，吩咐徒弟們打鐘，大開山門：「我的首座弟子來了。」大家出來一看，雲門行腳剛到，到這個廟子來掛褡，老和尚一看到人就說：「奉遲久矣！」我等你很久了。馬上請雲門當首座。過去大叢林請首座，等於現在政府發表院長、部長一樣，極為莊重。

這個廟子在江西南部，靠近廣東。唐末五代時，地方軍閥割據。「廣主」就是兩廣的軍頭，是一個有名的暴虐軍閥。「廣主劉」不記載他的名字，因為這些人雖然獨霸一方，但算不上是什麼人物。當時叢林的大和尚都是政府聘的，這個廣主劉準備造反，特地來看大和尚，「請樹決臧否」，來問知聖和尚造反好不好。在他未到以前，知聖已經知道了，等這位廣主一到，知聖兩腿一盤，涅槃了，等於答覆他，你如果造反，會同我一樣，要死的。

這位廣主問當家和尚：「和尚哪一天有病的？」「不曾有病，剛剛大王還沒到前，有一封信，叫我送給你看。」廣主打開一看，上面寫著：「人天眼目，堂中上座。」推薦雲門接這個廟子。廣主完全懂了，「寢兵」，不造反了，同時請雲門當大方丈。

現在不管這些熱鬧事，回轉來研究，如何在心地法門上用功。

雲門的教育法，開堂問眾人說：「汝諸人無端走來這裡覓什麼？老僧只管喫飯屙矢，別解作什麼？汝諸方行腳，參禪問道，我且問汝，諸方參得底事，作麼生試舉看。」

這都是當時的白話記錄，雲門下面有四、五百人。「於是不得已，自誦三平偈」。三平是大顛和尚的弟子，大顛在廣東潮陽，是馬祖的弟子，也是有名的大禪師。三平和尚是大顛和尚的首座，韓愈被貶到潮州以後，韓愈跟大顛是好朋友，每天向大顛和尚問道，大顛始終不對韓愈講。有一次，韓愈問大顛和尚，「弟子軍州事繁，佛法省要處，乞師一語。」韓愈向大顛和尚請示佛法，「師良久，公罔措。」韓愈說：「師父，我還是不懂。」三平站在旁邊就在禪床上敲三下，大顛和尚說：「作麼？」三平說：這個道理，「先以定動，後以智拔。」韓愈說：我懂了，師父怎麼不告訴我，倒是小師兄的話我懂了。老和尚一聽，拿起棍子就打三平，為什麼打他？因為對韓愈講道理是害了他，接引韓愈須把一切道理都堵光。有學問、有思想的人不易入道，因為自己很容易拿道理來下註解。三平告訴他這兩句話，韓愈自認為懂了，其實還是不對。

三平後來是大祖師，寫了一首悟道偈，非常好，所以雲門祖師借用。他們兩個時代距離約有幾十年。

雲門祖師借用三平的偈子說：「即此見聞非見聞。」念了以後，看看大家都不懂，便接下去：「無餘聲色可呈君。」然後看看這班僧眾，又不懂，自己說：「唉！有什麼口頭聲色？」又念第三句：「個中若了全無事。」看看大家仍不懂，又說：「有什麼事嘛！」又念三平的第四句：「體用何妨分不分。」大家還是不懂。他又下註解：「語是體，體是語。舉拄杖曰：拄杖是體，燈籠是用，是分不分？」停了一下，大家沒有答覆他，又說：「你們難道不知道，一切智智清淨，懂不懂？」——這就是禪宗的教育法。

有一次，我與學生上街時，看到街上年輕男女情人摟著走，同學問我作何感想，我說：

即此見聞非見聞　無餘聲色可呈君
個中若了全無事　體用何妨分不分

同樣的道理，不是笑話，大家不易瞭解的。

「師云：光不透脫，有兩般病，一切處不明，面前有物，是一。」我們打坐參禪，智慧的光、自性光明沒有來，是因為有兩種毛病：一是在任何一切處，眼睛前有個東西，把你障礙住了，而不自知，所以無法明心見性。

我們打起坐來，是不是面前有物？閉起眼睛，黑洞洞的，看不見，張開眼睛時，一切見聞「皆」見聞，「現前」聲色可呈君了。眼睛一張開，就被外界給牽走了，做不到「個中若了全無事，體用何妨分不分。」

閉起眼睛來，眼皮就障礙住了，黑洞洞的，一片無明。禪宗祖師罵人：

黑漆桶一個。我們身體像桶一樣，在桶裡頭黑洞洞的，這怎麼行啊！「一切處不明，面前有物」是第一毛病。

能把身體的觀念，真空得了，般若的心光才能夠出來，那時才能談得上：「體用何妨分不分」。也可以說，內外何妨分不分。這是第一點，很確實，不像他上面說法的作風。

「又：透得一切法空，隱隱地似有個物相似，亦是光不透脫。」

注意這裡，有時道理上悟到一點，坐起來也比較空一點，當然還沒有完全透得法空，只有一點影子。但是，注意雲門的話，坐在那裡，空是空，可是隱隱地，好像還有一件事未了，說是妄念，又不是，但是就有個東西在那裡。不要認為自己對了，生死不能了的。

雲門講得很清楚，「透得一切法空」，理也到，境界也有，但是定中隱隱地，好像有個東西障礙你一樣，這就是般若心光不透脫。透脫就是透出來解脫了。所謂透了，就是無內外、無障礙，解脫了。

雲門很確實地告訴我們見地、修證、行願，都要注意。又說：

「法身亦有兩般病」，一念不起，清淨無生，這是法身，也有兩種病：

「得到法身，為法執不忘，己見猶存，坐在法身邊，是一。」

得到空一點境界時，清淨了，這只能講相似於法身，近於法身。但離開這個清淨境界，你就沒有東西了，因此抓得牢牢的，這就是法執。法執一在，這裡頭就有我見，就是「己見猶存」。所以不必說「法無我」，連「人無我」也沒有達到。毛病是住在法身境，守這個清淨，以為究竟，出了大毛病，這就是法身病之一。

第二個法身病，「直饒透得法身去，放過即不可，子細點檢將來，有甚麼氣息，亦是病。」真達到絕對的清淨、空的境界，真做到了隨時隨地都在空境中，還犯了一個毛病，就是如果不守住空的境界，一念不定，就完了。沒有法身，那個空的境界就跑掉了。

在座有幾位老朋友，都有點心得，勉勉強強，打七用功，逼一下，有點清淨，覺得蠻對，理也悟了。「放過即不可」，放鬆一點，入世一滾，事情一忙，什麼都沒了。自己仔細反省一下，有什麼用？「有甚麼氣息？」這也是大毛病。

我們看禪宗語錄，常常把這些重要的地方，麻麻胡胡看過去了，其實這些都是寶貝。我們光看扭鼻子啦，看桃花啦，再看也悟不了道，剛才說的這些，才是重要的地方。

「垂語云：人人盡有光明在，看時不見暗昏昏。」你要找道，越找它越看不見。過一陣問大家：「作麼生是諸人光明？」大家都不明白，答不出來，自己代表大家答：「廚庫三門。」廚房、庫房、三門外。再看看大家仍不響，又說：「好事不如無。」下座，進去了。

這是禪宗、禪堂的教育法。

再談雲門對人的教育法，有一次，雲門到了江州，陳尚書請雲門大師吃齋，尚書相當於現在的部長，官位很大。他要考考雲門，才見面便問：「儒書中即不問，三乘十二分教，自有座主，作麼生是衲僧行腳事？」

這位陳尚書佛學很通，禪也懂，一見雲門便問：儒家的書我不問你，世間的學問，佛經三藏十二分教我也不問，那些是研究佛學的大師們的事，讓講經法師去搞。我只問你，你們參禪的人，要明心見性，到處參學，你對這件事看法怎樣？

他是主人家，客人一來，才見面，很不禮貌的樣子，就考問起雲門來了。

雲門問他：你這個問題，問過多少人？陳尚書說：我現在請教你。

雲門曰：「即今且置，作麼生是教意？」現在你問我這個問題我不答覆，我請問你，《大藏經》每個經典裡頭講些什麼？

這位部長答：「黃卷赤軸。」沒什麼，都是些裝潢得很好的書。

「這個是文字語言，作麼生是教意？」陳尚書給他一步步逼得內行話都出來了：「口欲談而辭喪，心欲緣而慮忘。」

真正的佛法沒有語言文字可談，聽起來，這位尚書大人好像開悟了似的。雲門一聽，便說：

「口欲談而辭喪，為對有言；心欲緣而慮忘，為對妄想。作麼生是教意？」

這是相對的話，研究過唯識的就知道，上一句是對語言文字而講，下一句對妄想來講，也是相對的話。雲門說：你還是沒有答覆我的問題，我問你，什麼是教意？佛經究竟講些什麼？「書無語」。這位尚書不講話了，這一頓素齋頗為難吃的樣子。

雲門又問：我聽說你是研究《法華經》的是不是？是啊！「經中道：一切治生產業，皆與實相不相違背。」這是佛說的，在家出家一樣可以成道，在家行菩薩道的人，一切治生產業與道體沒有兩樣。

「且道非非想天有幾人退位？」雲門又接著問。

問題來了，佛法的宇宙觀，超過色界有個非非想天，非非想天的天人有幾個退位？既然一切世法與佛法不相違背，為什麼死死的在那裡閉眉閉眼打坐？為什麼要求自己不動心？非非想天有幾人肯下降人間？到了高位的有誰肯下臺來？

這位尚書給他逼得答不出來，雲門就訓話了：「尚書且莫草草。」佛法不是那麼簡單，你不要認為自己很高明。

「三經五論，師僧拋卻，特入叢林，十年二十年尚不奈何，尚書又爭得會？」

佛學講得呱呱叫的，和尚裡頭多得是，他們認為自己沒有悟道，因此不研究佛學，把教理丟掉，跑到叢林禪堂裡參禪，參個十年、二十年，連一點影子都沒有的，多得很呢！尚書你別以為已開悟了，還差得遠呢！

雲門老和尚很厲害，這一下罵得那位尚書跪下來，說：「某甲罪過。」這才服氣。

如何修證佛法上冊

建議售價 ·700 元（上下冊不分售）

講　　述・南懷瑾
出版發行・南懷瑾文化事業有限公司
網址：www.nhjce.com
代理經銷・白象文化事業有限公司
412台中市大里區科技路1號8樓之2（台中軟體園區）
出版專線：（04）2496-5995　傳真：（04）2496-9901
401台中市東區和平街228巷44號（經銷部）
購書專線：（04）2220-8589　傳真：（04）2220-8505
印　　刷・基盛印刷工場
版　　次・2017年8月初版一刷
2023年3月二版一刷

設計編印 白象文化
www.ElephantWhite.com.tw
press.store@msa.hinet.net
總監：張輝潭　專案主編：林榮威

國家圖書館出版品預行編目資料

如何修證佛法／南懷瑾講述．--初版．—臺北市：
南懷瑾文化，2017.08
　面：　公分．
ISBN 978-986-94058-7-4（平裝）
1.佛教修持
225.7　106007159